Poetische Pilgerorte

Reisen ins mystische Mittelitalien

Poetische Pilgerorte

Reisen ins mystische Mittelitalien

von Barbara Wenz

mmVerlag

Impressum

Poetische Pilgerorte
Reisen ins mystische Mittelitalien
Barbara Wenz
Aachen, MM Verlag, 1. Auflage April 2011
ISBN: 978-3-942698-02-3

Copyright 2011 by MM Verlag, Aachen
Alle Rechte vorbehalten
Titelfoto: Die Felsenkirche von Genga, Barbara Wenz
Umschlaggestaltung: Ursula Ronnenberg
Lektorat: Kathrin Koerrentz
Satz: Yvonne Schweda
Gesetzt aus der Garamond
Druck und Bindung: CPI books GmbH, Leck

Inhaltsverzeichnis

Vorwort — 9

Rimini
Mehr als nur Sonne, Strand und Party — 15

San Leo
Das ehemalige Hochsicherheitsgefängnis des Vatikan — 25

Pesaro
Geburtsstadt des großen Rossini — 35

Gradara
Wahrzeichen der nordmärkischen Adriaküste — 45

Urbino
Ein Mekka des italienischen „rinascimento" — 53

Fonte Avellana
Steinerne Trutzburg des Glaubens am Hang des Monte Catria — 65

Corinaldo und Ostra Vetere
Der Geburtsort der heiligen Maria Goretti und
die Grablege einer seligen Klarissin — 73

Senigallia
Die Stadt des seligen Papst Pius IX. — 89

Ancona
Hauptstadt der Marken — 95

Genga
Ein unbeliebter Papst und die Grotte di Frasassi — 107

Jesi
Die Stadt des Staufers am Flüsschen Esino — 113

Inhalt

Das Geburtshaus der hl. Maria Goretti in Corinaldo

Cingoli
Die unverwesliche Stadtpatronin und der heilige Esuperanzio   123

Loreto
Das Haus der Heiligen Familie aus Nazareth   133

Osimo
Der vielleicht bezauberndste Heilige der katholischen Welt   147

Tolentino
Der lächelnde Stern der terra dei santi   163

Matelica
Die Heilungswunder der seligen Mattia Nazzarei   171

Inhalt

Das Santuario in Tolentino

Ascoli Piceno und Offida
Das Heiligtum des Emygdius und
die Stadt der Spitzenklöpplerinnen 177

Cascia und Norcia
Der Fels des Gebets und die Wiege des Abendlandes 187

Lanciano
Das Siegel des lebendigen Gottes 199

Manoppello
Die Schleierreliquie „Volto Santo" 205

Personennamen 217

Ortsnamen 219

Für Helma und Theo

Vorwort

Wir loben Gott nicht genug, wenn wir über seine Heiligen schweigen.
Papst Benedikt XVI.

Terra dei santi

Wer nach Italien fährt, besucht meist Rom, die Toskana mit ihren von Touristen überquellenden Städten wie Florenz und Siena. Vielleicht noch Assisi, das unter den Angehörigen aller Religionen und Weltanschauungen äußerst populär ist. Esoteriker aus aller Herren Länder versammeln sich dort, um den positiven Schwingungen der franziskanischen Landschaft nachzuspüren, die Anhänger eines indischen Yogi führen dort einen Ashram.

Doch wer kennt Manoppello? Wem ist Lanciano, Cascia oder Norcia ein Begriff? Wie viele zauberhafte Heilige und dazugehörige poetische Pilgerörtchen in Mittelitalien harren noch auf ihre Entdeckung?

In diesem Buch sind einige davon versammelt: Wehrdörfer und Renaissancestädte, Klöster, Wallfahrtskirchen und Konvente mitsamt den ihnen zugehörigen Heiligen.

„Terra dei santi" nenne ich sie, die unbekannte, geliebte Mitte Italiens. Sie ist zugleich auch „terra poetica", so vielfältig und bezaubernd sind die Legenden, die man sich dort noch erzählt, so greifbar und gegenwärtig die Wundertaten der Franziskaner, der Benediktiner, der Augustiner. Ein von Engeln aus Nazareth herbeigetragenes Haus, der Schleier der Veronika mit dem wahren Antlitz Christi, unverwesli-

Vorwort

che Heilige wie die heilige Rita von Cascia, Orte wie Lanciano, an denen sich Hostien aus weißem Brot in Fleisch und roter Wein in Blut verwandelten, die mystischen Sibilliner Berge mit dem See, in dem Pontius Pilatus begraben liegt, ein Franziskanerpater, der fliegen konnte: All das verbirgt sich in der Herzmitte des katholischen Italiens, abseits der großen Pilgerrouten und Touristenorte.

Und dieses Italien ist es wert, entdeckt zu werden. Hier steht die Zeit still, hier glauben die Menschen noch, hier leben sie unter dem Schutz ihrer himmlischen Patrone, die sie in allen Anliegen ihres täglichen Lebens anrufen.

Die „terra dei santi" liegt warm unter den Strahlen der italienischen Sonne, sie atmet unter funkelnden Sternen zwischen Hochgebirge und Meer – und sie hat Anteil an der Ewigkeit der katholischen Kirche. Bei den großen Reisenden der Aufklärungszeit wie Goethe, Gregorovius und Heine fand sie keine Beachtung. Man ließ sie links liegen und bog auf der Höhe von Bologna nach Rom ab. Einige wenige wie Seume, Montaigne und Stendhal reisten entlang der Adria weiter. René Descartes pilgerte nach Loreto, südlich der pinienbewachsenen Hänge des Monte Conero. Er hatte vor der Abfassung seines maßgeblichen Werkes der Muttergottes eine Wallfahrt versprochen. Dagegen schreibt Johann Gottfried Seume in seinem Spaziergang nach Syrakus stets gegen die verdummten und verblödeten „Orthodoxen" an. Für das Heiligtum in Loreto vermag er dabei sogar er noch freundliche Worte zu finden:

„Die Gegend um Loreto ist ein Paradies von Fruchtbarkeit, und die Engel müssen ganz gescheite Leute gewesen sein, da sie nun einmal das Häuschen im gelobten Lande nicht behaupten konnten, dass sie es durch die Luft aus Dalmatien hierher bugsiert haben. Es steht hier doch wohl etwas besser, als es dort gestanden haben würde, wo es auch den Ungläubigen, sozusagen, noch in den Klauen war."

Vorwort

Den aufgeklärten Literaten entging ansonsten vor lauter Verachtung für die Religiosität der Italiener das Wesentliche: Der Reiz Italiens liegt nicht nur in seinen berühmten Landschaften zwischen Gebirge und Meer, seinem guten Essen und seinen einzigartigen Weinen, sondern auch in seinen Menschen. Die Italiener sind ein liebenswertes Völkchen, im Glauben und in der „amore" jederzeit zum Bekenntnis bereit: „Io – cattolico!" Sie sind kreative Subversive, denen nichts mehr zuwider ist als Vorschriften und Regeln, insbesondere, wenn sie ihr kulturelles Selbstverständnis einschränken. Wie etwa das Kruzifixurteil des Europäischen Gerichtshofes für Menschenrechte (EGMR) im Jahr 2009. Eine finnischstämmige Italienerin hatte auf Entfernung der Kreuze in Klassenzimmern geklagt. Von allen italienischen Instanzen war die Klage abgewiesen worden, der EGMR gab ihr Recht. Die Italiener reagierten mit Transparenten an Rathäusern und Ortseinfahrten, auf denen zu lesen stand: „Wir nehmen es nicht ab!" In den meisten öffentlichen Räumen wurden demonstrativ noch mehr Kreuze aufgehängt.

Fast jede italienische Bar hat hinter der Theke ein Kreuz mit einem Heiligenbild oder einem Olivenzweig. Die „baristi", die Barleute, schlossen sich deshalb spontan zusammen und erklärten, dass sie ihre Kreuze – Gerichtsurteil hin oder her – auf gar keinen Fall entfernen würden. In vielen Bars hängt auch das Konterfei des beliebtesten Heiligen Italiens – Padre Pio, der weißbärtige Kapuziner, der im Jahre 1968 verstarb. Er lächelt von LKW-Kühlerhauben oder Seitenflächen, in Taxis als Armaturenplakette. Er segnet als Statue an Straßenecken und Plätzen und auf Bildern in Wohnungen und Häusern. Ohne Padre Pio geht gar nichts in Italien – und er selbst denkt auch nicht daran zu gehen. Allerdings konnte bei seiner Exhumierung im März 2008 nicht bestätigt werden, dass er zu den unverweslichen Heiligen gehört, obwohl man ihn in insgesamt gutem Zustand vorfand: Jener Speerspitze unserer heiligen Elitetruppen, deren Seelen schon lange bei Gott und im Paradies sind, deren Körper sich aber erhalten haben, um die Gläubigen zu stärken und ihnen ein Zeichen des Ansporns zu geben. Die zunächst verblüffenden Fotos von Padre Pios öffentlicher Aufbahrung zeigen ihn mit lebensechter Silikonmaske. Als unverwesliche Heilige gilt jedenfalls die heilige Rita von Cascia, die in ihrem Schneewittchensarg sogar die Augen öffnete und schloss oder die Lage gewechselt haben soll.

Es ist wahr, bei einigen Heiligen hat man durch ärztliche Untersuchungen festgestellt, dass sie mumifiziert oder in einer Art behandelt worden sind, der den Verfallsprozess des Körpers wesentlich verlangsamt. Einige dieser Maßnahmen wurden jedoch erst ergriffen, als man den betreffenden Heiligen 50 oder sogar 100 Jahre nach seinem Tod intakt aufgefunden hatte und diesen Zustand erhalten wollte. In anderen Fällen, wie bei der heiligen Bernadette Soubirous etwa, bedeckt eine Maske aus Wachs das Gesicht, um unschöne Verfärbungen zu kaschieren.

Wie auch immer – die Italiener schwören auf ihre Heiligen, ob nun mit Wachs überzogen oder nicht, und tragen sie leidenschaftlich gerne in Schneewittchensärgen durch die Straßen ihrer Dörfer und Städte. Wer Gelegenheit hat, an einer solchen feierlichen Prozession teilzunehmen, an der meist das ganze Städtchen auf den Beinen ist, sollte sich das nicht entgehen lassen.

Weitere wunderschöne und beeindruckende Zeugnisse der italienischen Volksfrömmigkeit sind die Karfreitagsprozessionen und Kreuzwege, die meist im Fackelschein stattfinden. Cantiano in den Marken ist berühmt für seine Passionsspiele – auf der Piazza in der Stadtmitte gibt es eine regelrechte Bühnenshow mit Licht- und Soundeffekten, historischen Kostümen und einer fast schon professionelle Inszenierung – La Turba wird das Spektakel genannt. Archaischer geht es in Cagli, ebenfalls in den Marken, zu. Rund 350 Männer in weißen Kapuzen, barfuß und mit Fackeln in den Händen, bilden die Karfreitagsprozession, die schon seit dem 16. Jahrhundert Tradition hat.

Etwas weniger dramatisch sind die bei Groß und Klein heiß geliebten „Lebendigen Krippen". Sie sind ein wunderschöner Grund, um auch außerhalb der traditionellen sommerlichen Reisezeit einen Italienbesuch zu planen. Hier dauert die Weihnachtszeit im engeren Sinne bis zum Dreikönigstag, „La Befana" genannt. Dementsprechend ist auch nicht am zweiten Weihnachtsfeiertag schon wieder „alles vorbei". Die schönsten lebendigen Krippen der Region finden sich in Fabriano, Piobbico und San Servino Marche, außerdem im Santuario der Madonna di Frasassi in Genga: Dort wird die lebende Krippe in einer gigantischen Felshöhle inszeniert.

Einige Kapitel des Buches entstanden aufgrund einer Artikelreihe im Vatican-Magazin unter der Rubrik Heiligtümer der besonderen Art im Laufe des Jahres 2010. Sie wurden in den meisten Fällen noch wesentlich erweitert und mit relevanten Informationen zum jeweils besuchten Ort ergänzt. Dieses Buch will nicht in erster Linie Reiseführer sein, kann aber als solcher genutzt werden. Wenn es Lust und Mut macht, eine geistliche Italienreise abseits der großen und bekannten Ziele zu unternehmen, und dabei auf eigene Faust den Zauber dieser besonderen „terra dei santi" zu entdecken, hat es seinen Zweck erfüllt.

Rimini

Der Augustusbogen in Rimini

Rimini: Mehr als nur Sonne, Strand und Party

Zugegeben, Rimini ist vor allem dafür bekannt, ein massentouristisch überlaufener Badeort – der „Teutonengrill" schlechthin – zu sein. Trotzdem lohnt sich ein Ausflug dorthin für kulturell interessierte und spirituell bewegte Reisende. Zum einen hat das ehemalige Ariminum, einst eine strategisch bedeutende Stadt für das Imperium, ein reiches römisches Erbe zu bieten. Hier liefen zwei wichtige Hauptverbindungsstraßen nach Rom zusammen, die Via Emilia und die Via Flaminia. Zum anderen ist sie Schauplatz zweier Wundertaten des heiligen Antonius von Padua und der Ort, an dem die selige Chiara da Rimini gelebt und gewirkt hat.

Als wahres Meisterwerk römischer Baukunst gilt die etwa zweitausend Jahre alte Tiberiusbrücke, die selbst Kriege und Bombardierungen überstanden hat und den Beginn der Via Emilia markierte. Auf der anderen Seite des alten Stadtkerns, am Ende der Via Flaminia, steht der berühmte Augustusbogen, der als ältester römischer Triumphbogen gilt. Die Zinnenkrone, die er heute trägt, wurde im 10. Jahrhundert hinzugefügt. Durchschreitet man ihn in Richtung Altstadt, gelangt man auf die Piazza Tre Martiri, wo Julius Cäsar im Januar des Jahres 49 vor Christus eine Ansprache an seine Truppe hielt, nachdem er mit 5 000 Legionären den Rubicon überquert hatte, um das Römische Reich anzugreifen und Pompeius zu entmachten. Es war der Beginn eines Bürgerkrieges und der Auftakt zu seiner erneuten Machtergreifung. Knapp 1 200 Jahre später ist die Piazza Tre Martiri Schauplatz eines eindrücklichen Wunders.

Ein gottesfürchtiger Esel und Fische, die eine Predigt hören wollen

Die Antoniuskapelle markiert mit ihrer niedrigen Steinsäule den Ort des großen eucharistischen Wunders. Der heilige Antonius von Padua (1195-1231) hatte nämlich seine liebe Not mit den Einwohnern von Rimini, ein verstocktes und verbohrtes Volk, das in Scharen den Irrlehrern der Katharer nachlief. Besonders großen Wert legte Antonius auf die gebührende Verehrung der heiligen Eucharistie und der rechten Andacht gegenüber dem Allerheiligsten. Dafür erntete er von einem Mann namens Boncillo nur Hohn und Spott. Boncillo schleuderte dem Heiligen seinen Unglauben mit verachtungsvollen Worten entgegen. Erst wenn Gott ein Wunder wirkte, dann wolle er, Boncillo, diesen „Unsinn von dem Gott im Brot" glauben, vorher aber nicht.

Der heilige Antonius, erschüttert über so viel Unverstand, beschloss voll Gottvertrauen, die Herausforderung anzunehmen. Boncillo wollte seine Eselin drei Tage hungern lassen. Danach sollte sie vor das Volk geführt werden und die Wahl treffen zwischen einem Sack Hafer und dem Allerheiligsten in der Monstranz, getragen vom heiligen Antonius.

Während Boncillo es sich gut gehen ließ, fastete nicht nur die Eselin, sondern auch Antonius, um seinen Gebeten mehr Nachdruck zu verleihen. Nach drei Tagen führte der triumphierende Ketzer das Tier auf den Platz, auf dem sich bereits das Volk von Rimini versammelt hatte. Falls Wetten abgeschlossen wurden, wovon wir ausgehen können, muss der Einsatz auf Antonius eine ziemlich hohe Quote erzielt haben.

Auf dem Platz lag nun eine Schütte Hafer auf der einen Seite, auf der anderen Seite stand Antonius mit der Monstranz und dem

Rimini

Allerheiligsten darin. Er rief dem Tier aufmunternd zu: „O Eselin, komm und bete Gott an und beschäme so die Häretiker, damit alle bekennen die Wahrheit dieses anbetungswürdigen Sakramentes!"

Und das Wunder geschah: Anstatt sich über das Heu herzumachen, wendete sich die Eselin der Monstranz zu, ging in die Knie und senkte die Schnauze zu Boden. Daraufhin hielt es auch die umstehenden Gaffer nicht mehr auf den Füßen, alle sanken auf die Knie und Antonius stimmte das „Christus vincit, Christus regnat" an.

Ein anderes Mal halfen Antonius die Fische der Adria beim Kampf gegen den Unglauben. Antonius hatte tage- und wochenlang gepredigt und gegen die Irrlehrer argumentiert, doch das Volk wollte nicht auf ihn hören. In heiligem Zorn ging er an den Strand von Rimini, der sich heute auf 15 Kilometer Länge hinzieht, und rief aus: „Ihr Fische des Meeres, vernehmet das Wort Gottes, das die Ungläubigen und Irrgläubigen nicht hören wollen!"

Schnell versammelten sich ein paar Tausend große und kleine Schuppenträger, streckten die Köpfe aus dem Wasser und lauschten so andächtig, als ob sie eine unsterbliche Seele hätten. Das Volk strömte zusammen, und wer des Wunders ansichtig wurde, sank auf die Knie und bekehrte sich.

Die große, relativ moderne Kirche hinter der Antoniuskapelle, La Chiesa dei Paolotti, wurde zu Ehren des heiligen Francesco de Paola (1416-1507), des Schutzpatrons der Seeleute, erbaut. Der wundertätige Mönch ist der Gründer des Paulanerordens, der Eremiten des Hl. Franziskus von Assisi. Die Seefahrer und Fischer von Rimini riefen ihn bei Sturm, Seenot und bei allen Fährnissen ihres harten Berufes an. Denn der Franziskaner-Eremit soll einmal auf seinem Mantel stehend die Meerenge von Messina durchfahren haben.

Vom stadtbekannten Luder zur Klostergründerin: die selige Chiara von Rimini

In dieser Stadt lebte und starb auch Chiara Agolanti (1280-1346), eine stigmatisierte Klarissin, in der Übergangszeit zwischen dem 13. und 14. Jahrhundert, einer Zeit, die großartige heilige Frauen hervorgebracht hat: Margareta von Cortona, Angela da Foligno, Chiara von Montefalco und Caterina von Siena sind dabei nur die bekannteren Namen. Nicht alle gehörten der franziskanischen Ordensgemeinschaft an, doch es scheint gewiss, dass sie von dem spirituellen Reaktorkern, den Assisi damals in Mittelitalien – und heute noch – darstellt, beeinflusst wurden. Man darf sich diese Frauen nicht als unscheinbare, demütige Frömmlerinnen vorstellen, sondern vielmehr als Gottesverrückte, als Nachfolgerinnen der Gottesnarren griechischer und orientalischer Tradition.

Bevor Chiara Ordensfrau wurde, war ihr Lebensweg alles andere als selig. Mit ihrer wilden, aufsässigen Art bereitete sie ihrer Mutter schon früh große Sorgen. Als die Mutter starb, Chiara war gerade sieben Jahre alt, versuchte der Vater sie durch besonders strenge Erziehungsmethoden in den Griff zu bekommen. Das fruchtete nicht, sondern stachelte Chiaras Widerstandsgeist nur noch weiter an. Zur jungen Frau herangewachsen, verheiratete ihr Vater sie mit einem Mann aus reichem Hause, dem sie Chiara schon als Kind versprochen hatten. Das Schicksal schlug erneut zu, als der junge Ehemann nach nur drei Jahren starb.

Chiaras Schmerz hielt sich in Grenzen – vielleicht verdrängte sie ihn auch nur. Jedenfalls führte sie bald ein zügelloses Leben, war auf jeder Tanzveranstaltung, jedem Bankett und jeder gesellschaftlichen Vergnügung anzutreffen. Das ererbte Geld warf sie mit beiden Händen zum Fenster hinaus. Hinzu kamen wohl noch ein paar Männergeschichten – Chiara muss eine sehr schöne und sinnliche Frau gewesen sein – und somit jagte bald ein Skandal den nächsten in Rimini.

Als ihr Bruder und ihr Vater auch noch am selben Tage in einer Schlacht starben, änderte das zunächst nichts an ihrer inneren Haltung. Das Geld, das sie erbte, machte sie zur begehrtesten Heiratskandidatin. Doch sie nahm ausgerechnet den oberflächlichsten Schwerenöter der ganzen Stadt zum Mann. Das lustige Leben hätte also weitergehen können, wenn sie nicht im Alter von 34 Jahren ein Bekehrungserlebnis gehabt hätte: Chiara ging in eine Kirche, sprach das „Vater Unser", verbrachte eine schlaflose Nacht und ging am nächsten Tag zur Beichte.

Mit der gleichen Leidenschaft, die sie vorher zum Laster getrieben hatte, setzte sie nun ihre Entschlossenheit zur totalen Buße um. In dieser Phase lief sie durch Riminis Gassen und über die Plätze und heulte wie ein Wolf oder zischte wie eine Schlange, während sie sich wegen ihrer Sünden geißelte. Um ihren Appetit auf Sex und alle Arten von gebratenem Fleisch zu bezwingen, verspeiste sie einmal eine Kröte. Sogar ihren zweiten Mann, der bereits nach ein paar Ehejahren verstarb, konnte sie noch bekehren. Danach kümmerte sie sich aufopferungsvoll um die Armen und Kranken der Stadt und linderte ihre Not, wo sie nur konnte. Schließlich gründete sie einen Konvent nach der Regel der heiligen Klara von Assisi, erhielt die Gnade tiefer mystischer Erfahrungen und widmete sich besonders der stellvertretenden Sühne für die sündhaft lebenden jungen Leute der Stadt.

Die Buße und das Leben in Gebet und Dienst am Nächsten der heiligen Frauen dieser Zeit war immer auch eine öffentliche und für die städtische Gesellschaft bedeutende Angelegenheit.

Zum einen waren diese Frauen, in dem sie – einige bereits mehrfach verwitwet – Jesus Christus als ihren endgültigen Bräutigam annahmen, vollständig frei geworden. Sie waren nicht nur als spirituelle Vorbilder gefragt, man bat auch um ihren Rat in politischen Dingen, berief sie zu Schlichterinnen bei Streitigkeiten aller Art, wertschätzte ihren Einsatz für Kranke, Arme und Obdachlose. Niemand hätte ernsthaft gewagt, Hand an die Jesusnärrinnen zu legen. Schließlich erneuerten sie durch ihr Vorbild auch das Glaubensleben der Bevölkerung, die gerade zu dieser Zeit ihres dekadenten und gar nicht frommen Klerus schon überdrüssig geworden war.

Wie von Taborlicht überglänzt – das Giotto-Kreuz im Tempio Malatestiano

Die Kirche San Francesco, von der sich unsere selige Chiara so unwiderstehlich angezogen fühlte und in der sie das Vaterunser ihrer Bekehrung betete, stand ganz in der Nähe der Piazza Tre Martiri. An ihrer Stelle erhebt sich heute der wunderschöne Tempio Malatestiano, der nach der noblen Familie Malatesta benannt ist, die um 1400 in Rimini herrschte. Deren berühmtester Abkömmling, Sigismondo Pandolfo, versammelte viele Gelehrte und Künstler an seinem Hof, wie etwa Piero della Francesca, Leon Battista Alberti und Giovanni Bellini. Sigismondo Pandolfo war es auch, der den Auftrag für das Gebäude gab. An der Kirche wurde lange gebaut, dann wieder umgeändert, weitergebaut, zuletzt blieb sie doch unvollendet.

Leon Battista Alberti gestaltete die Fassade, in ihrem Inneren finden sich Flachreliefs von Agostino di Duccio mit Engelsdarstellungen, den sieben freien Künsten, den Planeten und ein Fresko von Piero della Francesca mit der Darstellung des Herrschers Sigismondo. Der Tempio war von vornherein als Grablege für die Malatesta gedacht, hier liegen auch die ersten beiden Frauen von Sigismondo, Ginevra d'Este und Polissena Sforza, begraben. Hinter dem Altar hängt eines der großen Meisterwerke von Giotto – ein Kruzifix, das zwar beschädigt ist, es fehlen die Hände Jesu, aber dessen Komposition und Farbgebung man nicht anders als exquisit nennen kann. Hier ist nichts übrig geblieben von der Passion und dem Martyrium Jesu. Sein Körper hängt zwar noch am Kreuz, doch er leuchtet bereits wie verklärt, erscheint transparent und entrückt. Legte man diesen Körper in eine dunkle Grabhöhle, er würde sie mit seinem innewohnenden Glanz erleuchten.

Dieses Kruzifix markiert einen kunstgeschichtlichen Höhepunkt, eine sublimere Darstellung wird es nicht mehr geben. Seine Entstehungszeit wird zwischen 1305 und 1309 angegeben. Danach, mit der Hinwendung der Renaissance zu Erde und Mensch, werden die Darstellungen wieder sinnlicher, irdischer und freilich auch – was die Martern betrifft – realistischer.

Eutyches ist ein guter Mensch

Weitere Werke aus der Schule Giottos werden im Stadtmuseum von Rimini gezeigt, das sich in der Via Tonini befindet. Zum Stadtmuseum gehört auch eine kleine archäologische Sensation, das domus del chirurgo – das Haus eines römischen Arztes aus dem zweiten Jahrhundert. Offenbar brach damals ein Feuer aus, die Wände stürzten zusammen und konservierten so die prächtigen Mosaikböden, die Einrichtung und Möbel mitsamt der Praxis: Schreibtisch, Arzneien, Untersuchungsliege für die Patienten, sogar das vollständige chirurgische Besteck für Zahnbehandlungen und Amputationen, bestehend aus 150 Teilen, fanden die Archäologen. „Eutyches homo bonus" – Eutyches ist ein guter Mensch – besagt eine Graffiti in den Mauern, weshalb man den Rückschluss gezogen hat, dass das Haus einem Militärarzt namens Eutyches gehörte.

Rimini

Rimini bewahrt nicht nur ein reiches römisches und kunstgeschichtliches Erbe, es ist auch die Geburtsstadt des bedeutenden Filmemachers Federico Fellini. Gegenüber dem nach ihm benannten Fellini-Park steht das filmisch verewigte Grand Hotel, das eine eigene Fellini-Suite sowie ein nach ihm benanntes Menü anbietet. In der Via Oberdan I, in dem Haus, das der Familie gehörte und in dem Fellini auch einige Zeit lebte, befindet sich heute die nach ihm benannte Stiftung mit einem Archiv, das auch persönliche Gegenstände des großartigen Regisseurs sammelt.

San Leo

Ansicht des Ortes San Leo

San Leo: Das ehemalige Hochsicherheitsgefängnis des Vatikan

Fährt man von Rimini auf gerader Linie ins Landesinnere, wechselt die Landschaft innerhalb von 20 Kilometern vollständig ihr Gesicht und ihren Charakter. Zunächst läuft die Staatsstraße entlang eines Flusstales. Die alten Römer nannten den Fluss Ariminus, heute heißt er Marecchia. Die Gegend wird immer felsiger und malerischer – zahlreiche unwahrscheinliche Felsformationen werden von alten Burgen gekrönt. Die Straße nach San Leo windet sich in Serpentinen hinauf ins Vorgebirge, in Sichtweite liegt die Republik San Marino. Wer schließlich der Festung San Leo mit ihrer imponierenden Lage auf 639 Meter über dem Meer, wie balancierend auf einem kühn ansteigenden Felsen von circa drei Kilometer Umfang ansichtig wird, dem wird schnell klar, warum dieses Bollwerk bereits zu Dantes Zeiten als uneinnehmbar galt.

Leo und Marino – zwei Christen aus Dalmatien missionieren das Montefeltro-Gebiet

Der Name des Ortes geht auf den heiligen Leo zurück, der hier in der Umgebung im 4. Jahrhundert missioniert hat und der erste Bischof des Montefeltro-Gebietes war. Geboren um das Jahr 270 auf einer dalmatinischen Insel, musste er zusammen mit seinem Gefährten Marino vor der Christenverfolgung unter Diokletian fliehen und erreichte zunächst Rimini, wo die beiden sich beim Hafenbau verdingten. Nach seiner Priesterweihe missionierte er im Hinterland. Er soll im August 351 gestorben sein und wurde in der von ihm selbst erbauten Kapelle, heute Teil der Pfarrkirche San Leos, beigesetzt.

San Leo

Die Reliquien des Heiligen waren so begehrt, dass Kaiser Heinrich II. sie im Jahre 1014 bei der Rückkehr von einer siegreichen Schlacht nach Deutschland mitnehmen wollte. Bei Ferrara scheuten jedoch die Pferde, die den Wagen mit dem Sarkophag zogen. Weil sich die Pferde nicht mehr beruhigen ließen, musste Heinrich den heiligen Leo in Voghenza zurücklassen, das sich seither San Leo di Voghenza nennt. Folgende Worte des Kaisers sind dazu überliefert: „Ich wollte Dir mit dieser Reise Ehre tun, nun wohnst Du, wo Du selbst gewollt hast."

Die Geschichte der Ortschaft ist wechselvoll. Mal befand sie sich unter oströmischer, mal unter langobardischer Herrschaft, dann gehörte sie wieder zum Besitz des Heiligen Stuhls. San Leo war einmal für kurze Zeit sogar die Hauptstadt Italiens, unter Berengar II., dem Markgrafen von Ivrea, der sich 960 dorthin zurückzog, bis Kaiser Otto II. nach monatelanger Belagerung die Feste einnehmen konnte. In den nachfolgenden Jahrhunderten herrschten dort die Herzöge von Montefeltro und die della Rovere. Cesare Borgia konnte San Leo 1502 einnehmen, allerdings gab es einen mutigen Aufstand der Einwohner gegen seine Truppen. 200 Jahre lang war es wieder Teil des Kirchenstaates. 1797 kapitulierte San Leo vor Napoleon, woraufhin es wieder in Kirchenbesitz trat. Seit 1860 gehört es schließlich zur Republik Italien.

Über die einzige Straße, die nach San Leo hineinführt, gelangt man durch das Stadttor auf die Via Montefeltro, die zur Piazza Dante Alighieri führt, dem zentralen Platz mit einem Brunnen. Eine Gedenktafel am Nardini-Palast gegenüber der Kirche erinnert an den Aufenthalt des heiligen Franziskus im Jahre 1213. Er kam auf Einladung von Graf Orlando und hielt unter einem Baum auf dem Platz eine Predigt, deren Wortlaut überliefert ist. Dieser Baum, es soll eine Ulme gewesen sein, stand noch bis zum Jahr 1662 auf dem Platz. In neuerer Zeit hat man einen Nachfolger an derselben Stelle gepflanzt.

Noch eine Spur weist auf Franziskus hin, es ist der kaum zwei Kilometer weiter gelegene Konvent Sant' Igne. Franziskus hatte sich auf seiner Reise San Leo schon genähert, aber er war für den Aufstieg zu müde. Über einer besonderen Stelle sah er ein mysteriöses Leuchten. Er entschloss sich, die Nacht dort zu verbringen. Der Platz gefiel ihm so gut, dass er den neuen Konvent gründete und eine Kirche erbauen ließ. Der Name Sant' Igne erinnert an die Begebenheit, denn ignis bedeutet zu Deutsch Feuer. Und noch etwas Bedeutsames nahm von hier seinen Ausgang: Graf Orlando schenkte dem heiligen Franz anlässlich seines Besuches den Berg La Verna. Dort oben, in einem Stall in einer Felsgrotte, gestaltete er die erste Weihnachtskrippe der Christenheit. Dort empfing er am Michaelistag 1224 die Leidensmale Jesu am eigenen Körper, als der erste Stigmatisierte in der Geschichte der katholischen Kirche.

Dante Alighieri, der sich im Jahr 1306 in den Mauern San Leos aufgehalten hat, war Namensgeber des Platzes. Spezialisten vermuten sogar, dass die Stadt ihn sehr stark inspiriert habe, denn der schroffe Felswall des „Fegefeuers" in der Göttlichen Komödie entspreche dem Vorbild des Felsens, auf dem San Leo erbaut ist. Auch der Name des Ortes wird einmal genannt, im 4. Gesang des Fegefeuers:

„*San Leos Gipfel wird zu Fuß erstiegen, zu Fuß auch Noli ...*
Hier aber muss' ich fliegen."

Den Gipfel San Leos, an dem sich die Festung befindet, muss man heute nicht mehr nur zu Fuß erstiegen, eine bequeme, für Autos geeignete Straße führt an den höchsten Punkt der Stadt.

Eine steingewordene Hymne von Gertrud von Le Fort

Doch zuvor empfiehlt sich die Besichtigung der Pieve, der Pfarrkirche von San Leo, die an den Dante-Platz angegrenzt, und des benachbarten Domes. Die Pieve ist vermutlich die älteste Kirche der ganzen Region, wenn nicht sogar von Nord-Italien. Sie steht zum Teil auf natürlich gewachsenem Fels und bietet durch die Verwendung von weißen, grauen, braunen und rötlichen Steinen schon von außen einen interessanten Anblick. Weitere Details der Fassade bilden die lisenenverzierte, geostete Apsis und die wenigen, typischen Einzelbogenfenster. Über den Portalen finden sich wunderschöne Zierloggien mit je zwei kleinen Bögen aus rotem und weißem Stein. Man nimmt an, dass die Erbauer der Pieve zu den „Comacini" gehörten, den „Meistern aus Como", Handwerker aus Norditalien, die bekannt für ihre hohe Kunstfertigkeit im Bauhandwerk, der Architektur und der Steinbearbeitung waren. Comacini haben während der romanischen Epoche auch auf Dombaustellen in Deutschland mitgearbeitet.

Die Ausstattung der Kirche ist schlicht, ihre Wände sind nackt. Die Pieve ist zwar dreischiffig, wird aber nur von insgesamt sechs Säulen unterteilt, deren Kapitelle zu den beachtlichsten des 9. Jahrhunderts zählen. Im erhöhten Presbyterium, über dem Altar, erhebt sich ein steinernes Ziborium. Seine vier Säulenkapitelle sind verziert mit Blattwerk, Weintrauben und kleinen Kreuzen. Eine Inschrift außerhalb der Kirche besagt, dass es im Jahre 882 gestiftet wurde, also fast so alt wie die Kirche selbst ist. Der älteste Teil ist jedoch die Kapelle des heiligen Leo, die er im vierten Jahrhundert eigenhändig in den Fels gehauen haben soll.

Der Innenraum mit seiner ganzen Atmosphäre ist wie eine steingewordene „Hymne an die Kirche" von Gertrud von Le Fort. Hier ziehen die Jahrtausende zu Gott! Die Pieve ist voll von dieser poetischen Wahrheit, dicht und unvermittelt.

Betet, betet. Betet immer zum Herrn

In Sichtweite der Pieve, nicht weit entfernt, erhebt sich auch der Dom von San Leo, erbaut um 1172, auf dem gewachsenen Felsuntergrund. Wie schon bei der Pieve fallen an der Fassade die verschiedenartigen und -farbigen Steinsorten auf. Die Farbe des Sandsteinfelsens, auf dem man ihn erbaute, überwiegt, aber es gibt auch weiße Steinblöcke und Ziegelsteine, wohl Überreste aus antiken römischen Bauten. Sein Grundriss entspricht einem lateinischen Kreuz mit drei Apsiden, die Kirche ist geostet. Strebepfeiler und Lisenen beleben die ansonsten schlicht wirkenden Außenmauern. Das Innere ist lichterfüllter, geweiteter als der archaische Innenraum der Pieve. Dafür sorgen verhältnismäßig viele Fenster. Das einfallende Licht erhebt den Blick zum Mittelschiff und das dahinterliegende Presbyterium. Bis auf den Schnittpunkt von Mittel- und Längsschiff, den ein Kreuzgewölbe abschließt, ist die Kirche von einer Tonnengewölbedecke überkront, unterteilt von klassischen Marmorsäulen mit korinthischen Kapitellen. Zum Presbyterium führt eine breite Treppe empor, die erst im 16. Jahrhundert eingefügt wurde. In der Hauptapsis hängt ein typisches Holztafelkruzifix aus dem 12. Jahrhundert, die Statue der Muttergottes mit dem Kind ist ebenfalls aus Holz und wird auf das 17. Jahrhundert datiert.

Die romanische Krypta unterhalb des Presbyteriums ist deutlich älter als der Rest des Kirchenbaues, das Gewölbe besteht aus Rund- und Spitzbögen. Die Pfeiler und Säulen im römischen Stil mit zum Teil byzantinischen Kapitellen teilen sie in drei Abschnitte auf. Die Überreste des heiligen Leo ruhen zwar nun in Voghenza, aber der Dom hütet einen Splitter seines Schädelknochens in der Urne auf dem mittleren Altar der Krypta. Erhalten ist auch noch der steinerne Sarkophagdeckel, von dem überliefert wird, dass ihn der Heilige selbst behauen habe. Seine Inschrift lautet:

„Hier ruht der heilige Leo, als ich lebte, liebte ich dies, sagte dies und schrieb ich dies: Wir danken alle dem Herrn immer, wir wollen ihm in alle Ewigkeit danken. Dies ist meine ewige Ruhestätte, hier will ich wohnen, da ich sie gewählt habe. Betet, betet immer zum Herrn. Betet immer zum Herrn."

Die Festung, der Vatikan und der illustre Graf Cagliostro

Der Ausblick von einer der drei Exerzier- und Verteidigungsebenen, über die das Kastell verfügt, ist atemberaubend. Er geht bis hinunter an die Adria, über das romagnolische Hügelland hinein ins Gebirge zum Monte Carpegna und der Alpe della Luna.

Schon in alter Zeit war hier eine Befestigung, doch sein heutiges Aussehen verdankt sie der militärischen Baukunst der Renaissancezeit, genauer dem Genie ihres Schöpfers Francesco di Giorgio Martini. Der Bau beherbergt einige interessante Ausstellungen, etwa die historische Waffensammlung im sogenannten Kleinen Turm, eine Dokumentation über die heilige Inquisition in den Zellen des Bergfrieds und eine sehr interessante Ausstellung über Graf Cagliostro und die Freimaurer in den oberen Räumen.

Der geheimnisumwitterte Alessandro Graf Cagliostro – ein selbstverliehener Titel, wurde als Giuseppe Balsamo, Sohn einfacher Handwerker, im Armenviertel von Palermo geboren. Als er bei den Fatebenefratelli, einem wohltätigen Orden, eintrat, konnte noch niemand ahnen, dass dieser Junge einmal als berüchtigter Alchemist und Freimaurer-Graf die gesamte europäische High Society in ihren Bann schlagen würde, am wenigsten wohl er selbst. Die Kenntnisse, die er sich als Gehilfe des Klosterapothekers erwarb, sollten ihm jedenfalls noch nützlich werden.

Im Kloster kam man recht schnell zu der Überzeugung, dass aus diesem jungen Burschen nichts Rechtes werden könne. Wegen Unverantwortlichkeit und Unzuverlässigkeit wurde er schließlich in hohem Bogen aus der Gemeinschaft geworfen und von seiner Familie verstoßen. Es dauerte auch nicht lange, bis die sizilianischen Behörden die Geduld angesichts seiner Betrügereien verloren, mit denen er sich über Wasser zu halten versuchte. Am Ende blieb nur die Flucht nach Griechenland und Ägypten, angeblich auch Persien und Arabien, wo er Unterricht in der Wissenschaft der Alchimie nahm. Zwar war die große Blütezeit der Goldmacherkunst schon vorbei, das magische Prag Kaiser Rudolphs II., in dem sich heute noch die Häuschen in der Goldmachergasse besichtigen lassen, die die eifrigen Adepten dieser Kunst bewohnten, schon versunken, doch Gold war immer noch ein heiß begehrtes Gut an den verschwendungssüchtigen Höfen europäischer Monarchen, von denen viele unter chronischer Geldknappheit litten. Also stellte sich Giuseppe Balsamo beim Großritter von Malta unter dem Namen Graf Cagliostro vor und ließ sich von ihm, einem ebenfalls alchemistisch interessierten Mann, Empfehlungen für die besten Häuser von Rom und Neapel geben.

In Rom heiratete er die Hellseherin und Spiritistin Serafina alias Lorenza Feliciani. Die beiden waren füreinander geschaffen. Mit ihr ging er auf eine „magical mystery tour" durch Europa, 1771 hielten sie sich in London und Paris auf. Sie hielten spiritistische Sitzungen ab, Serafina blickte in ihre Glaskugel und zusammen verkauften sie alle Arten von Liebestränken, Jungbrunnenkuren, Zauberpillen, Pülverchen und Mixturen. Das viele Geld, das er dabei verdiente, mag ein zusätzlicher Türöffner gewesen sein, denn nach kurzer Zeit standen ihm auch die königlichen Höfe Europas offen, die Damenwelt lag ihm zu Füßen und einige Historiker gehen sogar davon aus, dass er in die Halsbandaffäre der unglücklichen Marie-Antoinette am französischen Hof verwickelt gewesen sei.

Ob er auch Freimaurer war, ist nicht mehr eindeutig festzustellen. Er selbst gab jedoch an, der Gründer einer ägyptischen Hochgradfreimaurer-Organisation zu sein und führte den Großmeister der neapolitanischen Freimaurerei in diesen Ritus ein. Allerdings hatte er den Bogen damit überspannt. In diesem Zusammenhang kerkerten ihn die Richter in Paris und London mehrmals ein, aber er konnte ihnen immer wieder ein Schnippchen schlagen. Als er 1787 nach Rom zurückkehrte, um eine Loge zu gründen, schlug die heilige Inquisition zu: Man kerkerte ihn 1789 in der Engelsburg ein und verurteilte ihn wegen Ketzerei, alchimistischer Betätigung und Gründung einer Freimaurerloge zum Tode. Serafina wurde mit Rücksicht auf ihr Seelenheil bis an ihr Lebensende in ein Kloster verbannt. Das Todesurteil wurde zwei Jahre später in lebenslange Haft umgewandelt und Cagliostro im April 1791 nach San Leo überstellt. In seiner Zelle, die noch heute erhalten ist, werden auch Briefe und persönliche Gegenstände aufbewahrt. Woran er letztlich am 26. August 1795 starb, ist nicht genau geklärt. Folgt man der These von Cagliostro-Sympathisanten, so soll ihn sein Gefängniswärter erwürgt haben. Nicht unwahrscheinlich ist dagegen, dass er an den Folgen einer Syphilis gestorben ist.

Unbezweifelbar ist aber die Faszination, die er auf Goethe und Schiller ausübte. Goethe besuchte sogar die Mutter des Hochstaplergrafen und verwendete ihre Erzählungen später im Großkophta. Alexandre Dumas, Leo Perutz und in neuester Zeit Umberto Eco haben sich in ihren Werken von der schillernden Persönlichkeit Balsamos inspirieren lassen. San Leo ist deshalb auch ein Wallfahrtsort für Freimaurer und Esoteriker geworden – auf der Pritsche in der Zelle Balsamos liegen Plastikrosen und andere Devotionalien.

Während der Zeit der napoleonischen Besatzung wurden hier italienische Patrioten eingekerkert, der bekannteste unter ihnen dürfte Felix Orsini sein, dessen Attentat auf Napoleon III. im Jahre 1844 fehlschlug.

Das Städtchen bietet auch ein kleines Museum für sakrale Kunstgegenstände, darunter solche aus dem Kloster von Sant'Igne. Die Ausstellungsräume finden sich an der Piazza Alighieri.

San Leo ist selbstverständlich die ideale Kulisse für Mittelaltermärkte und touristische Events, so gibt es jedes Jahr eine Gedenkfeier an den Besuch des heiligen Franziskus oder ein Mottofestival zur Alchimie und Goldmacherei.

Pesaro

Landschaft bei Pesaro

Pesaro:
Geburtsstadt des großen Rossini

Eingebettet zwischen den Kreidehügeln des Naturreservates San Bartolo und dem Monte Ardizio siedelt die Provinzhauptstadt Pesaro an der Mündung des Flusses Foglia in die Adria. Die Stadt, zwischen Rimini und Ancona gelegen, wird im Jahre 184 vor Christus bereits als römische Kolonie „Pisaurus" erwähnt; Cicero nennt ihren Namen in seinen Briefen. Jüngste archäologische Funde weisen gar darauf hin, dass Pesaro älter als Rom sein könnte. Nach dem Untergang Ostroms war der Stern Pesaros unaufhaltsam im Aufstieg begriffen – zusammen mit Fano und Senigallia, Rimini und Ancona bildete es die mächtige „Pentapolis marittima". Doch dann wurde Amerika entdeckt – die Adriaküste Italiens verlor mit einem Schlag Macht, Glanz und Bedeutung. Heute ist Pesaro vor allem Musikliebhabern wegen der jährlichen Rossini-Festspiele ein Begriff. Am 29. Februar 1792 erblickte Gioachino Antonio Rossini hier das Licht der Welt. In seinem Geburtshaus in der Via Rossini befindet sich ein kleines Museum.

Ein Leben wie ein Historienroman

Neben dem großen Komponisten hat die Stadt auch ein paar sympathische Selige hervorgebracht. In der Kathedrale von Pesaro liegt die unverwesliche selige Serafina, deren bewegtes Schicksal die Vorlage für einen Historienschinken aus Italiens „quattrocento" bieten könnte. Alle reichen und mächtigen Familien der damaligen Zeit spielen darin mit, Intrigen, Ehebruch und Giftanschläge,

Verleumdung und Treulosigkeit bestimmen Serafinas Leben, bis sie ihre Seelenruhe in einem Kloster wiederfindet. 1434 wurde sie als Tochter des Herzogs von Montefeltro und der Caterina Colonna in Urbino geboren. Ihre Mutter aus der vornehmen römischen Familie der Colonna war ein Nichte Papst Martin V., Serafinas Onkel war der mächtige Kurienkardinal und Erzpriester der Lateranbasilika Prospero Colonna. Als Serafina vier Jahre alt war, starb die Mutter, fünf Jahre später der Vater. Zunächst blieb sie unter der Vormundschaft von Oddantonio di Montefeltro, doch als dieser Opfer einer Verschwörung wurde, übernahm der berühmte Condottiere und Kunstliebhaber Federico dieses Amt, der Erbauer des glanzvollen Palazzo Ducale in Urbino. Schließlich holte sie Kardinal Colonna nach Rom, um sich persönlich um ihre standesgemäße Erziehung zu kümmern und eine Heirat für das Mädchen zu arrangieren. Keine Frage, der Name Montefeltro zusammen mit dem der Colonna war so glanzvoll, dass eigentlich nur ein Sforza als Ehemann in Frage kommen konnte. Mit vierzehn Jahren verheiratete man sie deshalb, gewiss auch aus machtpolitischen Erwägungen, mit dem Herrn von Pesaro, Alessandro Sforza. Doch zunächst hatte Serafina nicht viel Freude an ihrem Mann. Dessen Bruder, Francesco, Herr von Mailand, befand sich im Krieg mit der Republik Venedig, die seine Herrschaft nicht anerkennen wollte. Während Alessandro also im Norden kämpfte, oblagen der jungen Ehefrau die Regierungsgeschäfte in Pesaro. Dazu kümmerte sie sich auch noch um die Erziehung der beiden Söhne ihres Mannes aus erster Ehe. Das war es, worauf man sie von Geburt an vorbereitet hatte – und sie erfüllte alle ihre Pflichten, unterstützt von ihren vornehmen Verwandten, gewissenhaft und zur Zufriedenheit der Pesareser Signoria.

Dann kam der Friede von Lodi zwischen Mailand und Venedig im Jahre 1454 und Alessandro kehrte an seinen Hof nach Pesaro zurück. Doch anstatt seiner Frau zu danken und ihre Unterstützung mit treuer Liebe zu vergelten, begann er zügellose Affären und führte seine Mätressen sogar in aller Offenheit am Hofe vor. Serafina wurde ihm zunehmend lästig, er versuchte sie zu vergiften und einmal sogar, sie zu erdrosseln. Sie überlebte. Schließlich half ihm nur noch eine miserable Verleumdung: Er bezichtigte sie des Ehebruchs und des versuchten Giftmordes, um sie bequem und ohne sich weiter die Hände schmutzig zu machen, in ein Kloster abzuschieben. 1457 trat Serafina, gedemütigt und verraten von ihrem eigenen Mann, in das Klarissenkloster Corpus Domini in Pesaro ein. Hier erhielt sie auch ihren Ordensnamen Serafina. Ihre Verwandten, die Malatesta, die Montefeltro und die Colonna waren allerdings gar nicht angetan über Alessandros Verhalten und schienen gehörig Druck ausgeübt zu haben. Immerhin erhielt sie ihre Mitgift zurück und konnte einen Teil für Almosen verwenden, einen weiteren Teil in dringend nötige Reparaturarbeiten des Klosters investieren.

Im Jahre 1475 wählte man sie zur Äbtissin. Sie war 41 Jahre alt. Ihre Stärke, ihr vorbildliches Leben für die Armen und Kranken, ihre Gottergebenheit wurde am Ende belohnt. Bevor sie am 8. September 1478 starb, konnte sie sich noch mit Alessandro aussöhnen, der sie immer öfter besuchte und sich schließlich bekehrte. Aufgrund der vielen Wunder, die sich auf ihre Fürbitte hin ereigneten, sprach Papst Benedikt XIV. Serafina 1754 selig. Sie liegt heute in der Kathedrale in der Via Rossini. Sehenswert dort sind auch die teils freigelegten Mosaikböden aus dem 5. und 6. Jahrhundert.

Der selige Francis, ein Teufelsfelsen und ein zahmer Hahn

Vom seligen Francis, der Mitte des 14. Jahrhunderts verstarb, wissen wir, dass er in einer Einsiedlerklause an den Hängen des San Bartolo bei Pesaro hauste – direkt unter einem riesenhaften Felsbrocken: Der Teufel hatte das Trumm nach der Hütte des Seligen geworfen, doch der allmächtige Gott hatte es in seinem Lauf um Haaresbreite vorm Ziel angehalten.

Zu dieser Zeit gehörte Pesaro noch der glanzvollen Pentapolis an, dem Fünf-Städteverband an der Adria, der eifrig Handel mit Venetien, dem Balkan, Griechenland und Ostrom betrieb. Viele Christen von dort oder aus dem Heiligen Land trieben hier Handel und zogen in Scharen vor die Stadtmauern, um den Einsiedler Francis unter seinem Teufelsfelsen zu besuchen. Sie wunderten sich und priesen Gott beim Anblick des Seligen, wie er unbeirrt fastete und betete, mit dem dräuenden Verhängnis direkt über seinem Kopf.

Nun, wo andere sich in Lebensgefahr wähnten, da fühlte sich der selige Francis mitsamt seinem zahmen Hahn erst richtig wohl. Jeden Morgen weckte ihn der Hahn zur Laudes, darum schätzte ihn der Selige sehr. Doch einmal wurde Francis, der sehr asketisch lebte, krank. Seine Freunde dachten, es sei eine gute Idee, dem Hahn den Hals umzudrehen, um eine stärkende Mahlzeit zu bereiten. Auch dieses Debakel ging er mit höchstem Gottvertrauen an: Der selige Francis schlug ein Kreuzeszeichen über den traurigen Überresten und erweckte den Hahn wieder zum Leben – schließlich wollte er auch weiterhin die Laudes pünktlich beten.

Die selige Michelina – eine tapfere Blüte im franziskanischen Blumengarten

Die selige Michelina wurde zwischen 1300 und 1316 in Pesaro als Tochter eines wohlhabenden Adeligen geboren, der sie im Alter von zwölf Jahren mit einem Malatesta-Abkömmling verheiratete – die Malatesta hatten in der reichen, glanzvollen Hafenstadt das Sagen. Die beiden bekamen einen Sohn und führten ein weltliches Leben mit Vergnügungen und Zerstreuungen. Das hätte alles jahrzehntelang so weitergehen können, doch im Alter von zwanzig Jahren, nach nur acht Jahren Ehe, wurde Michelina Witwe. Eine alleinstehende Frau zur damaligen Zeit in einer quirligen Hafenstadt wie Pesaro?

Es ist nicht ganz klar, wie sie die syrische Christin Soriana kennenlernte, vielleicht suchte das Mädchen Arbeit als Kindermädchen – in Syrien jedenfalls herrschten zu dieser Zeit, um 1325, die ägyptische Dynastie der Ayyubiden. Vielleicht war die Syrerin im Gefolge eines heimkehrenden Kreuzfahrers nach Pesaro gekommen; wie auch immer, der Lebenswandel von Soriana war so vorbildlich und fromm, dass sie Michelina sehr beeindruckte. Doch auf ihr weltliches Leben und die gesellschaftlichen Vergnügungen, von denen sie sich eine zweite Heirat versprach, wollte sie noch nicht verzichten. Erst als ihr einziger Sohn Pardino tödlich erkrankte, fand sie sich an seinem Sterbebett wieder. Sie erkannte, dass all die Vergnügungen, nach denen sie gestrebt hatte, bedeutungslos waren gegenüber dem Geschenk des ewigen Lebens. Michelina versprach Gott inständig: Wenn Pardino zu ihm in den Himmel käme, dann wolle sie der Eitelkeit der Welt entsagen. Gottes Antwort war gewaltig: Als der kleine Pardino die Augen für immer schloss, erfüllte sich das ganze Zimmer mit einem überirdischen Licht. Michelina erkannte zwei Engel, ganz in Weiß gekleidet, die Pardinos Seele auf ihren feurigen Flügeln empor zu Gottes Thron trugen. Fromm war Michelina dank Sorianas gutem Beispiel schon vorher gewesen, nun aber muss sie gespürt haben, dass Gott eine radikale Antwort auf diese gewaltige Vision von ihr erwartete. Ihr bisheriges Leben gab es nicht mehr. Wie es das Evangelium von ihr verlangte, verkaufte sie ihren ganzen Besitz und gab das Geld den Armen, um ein bescheidenes Leben als Franziskaner-Terziarin zu führen.

Ihre Verwandtschaft reagierte „völlig normal" auf diese Eskapaden: Sie erklärten Michelina für wahnsinnig und setzten sie hinter Schloss und Riegel, damit sie sich wieder beruhigen und die Familienerbstücke nicht mehr verhökern konnte. Gestärkt durch ihren Schutzengel und überzeugt von ihrer Berufung, stand sie selbst die Zeit der Gefangenschaft durch. Denn sie hatte ein großartiges Ziel vor Augen!

Die kleine Franziskanerin nimmt ihr Herz in beide Hände und tritt die gefährliche Reise nach Jerusalem an

Ganz nah wollte Michelina ihrem Herrn und Erlöser sein – heute wie damals gab es keinen besseren Grund, um eine Pilgerfahrt ins Heilige Land zu unternehmen. Die Rolle Sorianas bleibt historisch im Unklaren; möglicherweise haben ihre Sprachkenntnisse und ihre Herkunft aus Nahost Michelina bestärken können, sie könne diese gefahrvolle Reise schaffen. Die Morgenlandfahrt erlebte gerade durch die Franziskaner einen regelrechten Boom, wie zahlreiche Pilgerberichte aus dem 14. Jahrhundert bezeugen. In Jerusalem angekommen kümmerte sie sich nach dem Vorbild des heiligen Franziskus um die Aussätzigen, besuchte die heiligen Stätten und erlebte auf Golgatha eine mystische Vision, bei der sie die Stigmata empfing. Nach Pesaro zurückgekehrt, widmete sie den Rest ihres Lebens der Buße und der tätigen Nächstenliebe, in dem sie den Armen, Kranken und Schwachen beistand und die Sterbenden von der Straße holte, bis sie selbst am 19. Juni 1356 heimberufen wurde.

Heute liegt sie in der Kirche Santa Maria delle Grazie in Pesaro, in der man ihr eine eigene Kapelle eingerichtet hat. Man muss wissen, in welcher Kirche und wo sie liegt, wenn man sie besuchen möchte. Die selige Michelina ist auch nach ihrem Tod eine kleine, bescheidene Franziskaner-Terziarin geblieben. Nichts weist auf ihre Anwesenheit hin, kein Informationsblatt zu ihrem Leben liegt aus. Ihre Kapelle enthält eine Nachbildung des Gemäldes von Federico Barocci mit der Ekstase der Seligen auf dem Kalvarienberg – das Original hängt heute in den Vatikanischen Museen. Dazu zwei Marmorengel, der Steinsarkophag aus dem 14. Jahrhundert, der jetzt leer ist – Michelina liegt unter dem Altar hinter Glas.

Dass sie die Feinde von den Mauern der Stadt fernhalte

Die Hauptrolle in dieser Kirche aber überlässt sie demütig einer anderen, der Madonna delle Grazie, einem Gnadenbildnis hinter dem Hochaltar, das die Pesareser schon seit über fünf Jahrhunderten um Hilfe bitten: gegen Erdbeben, um Sonne oder Regen, um Schutz vor der Cholera oder dass sie die Feinde von den Mauern der Stadt fernhalte. An jedem dritten Oktobersonntag wird die Madonna durch die Straßen Pesaros getragen, um für die Befreiung von einer Choleraepidemie aus dem Jahre 1855 zu danken.

Doch auch Michelina hat einen Platz im Herzen der Bewohner ihrer Stadt bewahrt. Ein Kniebänkchen lädt zum Gebet vor ihrem Schrein ein, der Kerzentisch ist dicht mit Lichtern bestückt, die zeigen, dass die „pesaresi" ihre kleine Selige nicht vergessen haben. Neben ihren großen und heiligen Ordensschwestern Angela von Foligno und Rosa von Viterbo, die ihr eine Generation zuvor auf dem Pfad der Mystik, die sich mit tätiger Nächstenliebe verband, vorangegangen waren, verströmt sie nun den Duft ihrer kleinen, tapferen Blüte aus dem franziskanischen Blumengarten für die ewigen Jahrhunderte der Kirche.

Wer sich in das Pesaro der Zeit Serafinas, Francis' und Michelinas hineinversetzen möchte, der besucht am besten auch die Augustinerkirche auf dem Corso XI Settembre mit ihren herrlichen Intarsienarbeiten im Chor, die Ansichten von Pesaro und Umgebung zeigen.

Geht man von dort aus rechts in die Via Tortora und dann wieder rechts in die Via Levi Nathan, gelangt man in das Judenviertel der Stadt mit seiner sephardischen Synagoge in der Via delle Scuole.

Nach so viel Kultur, prall-dramatischer italienischer Geschichte und dem ansehnlichen Großstadttrubel, den Pesaro als zweitgrößte Stadt der Marken entfalten kann, empfiehlt sich eine kleine Ausfahrt Richtung Norden auf den San Bartolo mit seiner wildromantischen Panoramastraße über der Adriaküste und einem kurzen Apero oder einem ausgedehnten Mittagessen in einem Restaurant oder in einer Kaffeebar an der Strecke. Und dann geht es weiter, auf zu neuen Taten.

Gradara

Das Kloster Monte Giove bei Fano

Gradara: Wahrzeichen der nordmärkischen Adriaküste

Das malerische Wahrzeichen der marchigianischen Küste an der Grenze zur Emilia-Romagna ist zwar kein besonders heiliger, dafür aber ein äußerst pittoresker Ort mit seiner umlaufenden Wehrmauer aus dem 14. Jahrhundert, auf der markante Zinnen und vielerlei Türmchen thronen. Kühn schwingt sich das gesamte befestigte Städtchen auf einem steilen Hügelkamm Richtung Meer empor, an der höchsten Stelle wird es von einer Burg gekrönt, die ein mächtiger Bergfried überragt. Der geschlossene Gesamteindruck des Städtchens ist selbst für italienische Verhältnisse äußerst rar. Die frühesten Dokumente datieren den Bau auf 1182, allerdings gibt es Hinweise auf eine Besiedlung schon in römischer Zeit. Direkt unterhalb führt die alte Via Flaminia vorbei. In den meisten mittelalterlichen Altstädtchen herrscht Durchfahrverbot, deshalb parkt man am besten auf dem Parkplatz unterhalb der Stadtmauer. Man geht durch den massiven Glockenturm durch die mit Souvenirlädchen gesäumten Gassen hinauf zur Burg. Auf dem Weg sollte man in der Kirche Santissimo Sacramento hineinschauen, dort liegt der heilige Clemens, ein Märtyrer aus dem 3. Jahrhundert, in seinem Glassarg vor dem Altar. Die Kirche war Teil des Franziskanerkonventes, der im Zuge der Gegenreformation auf Wunsch von Vittoria Farnese gegründet wurde.

Ein Stück weiter auf derselben Straßenseite findet man ein Haus, oder besser zwei gut einsehbare Stuben, die ganz im Stile des Mittelalters eingerichtet und möbliert sind. Immer wieder öffnen sich seitlich Gassen zu den äußeren Mauern, die einen Panoramablick auf die Adriaküste mit Gabicce Mare und Cesenatico, San Marino und die Montefeltro-Region erlauben. Für die sehr empfehlenswerte Burgbesichtigung muss man ein niedriges Eintrittsgeld zahlen.

Von Dante unsterblich gemacht – der tragische Mord an Francesca da Rimini

Tatsächlich soll hier eine große Liebesgeschichte ihren tragischen Höhepunkt gefunden haben, die im Lauf der Jahrhunderte nicht nur die großen Maler und Schriftsteller Italiens angeregt hat.

Bereits Dante hat sie in seinem Inferno-Gesang der Göttlichen Komödie verewigt. Auch John Keats und Gabriele D'Annunzio bearbeiteten den Stoff. Maler wie Ingres, Doré und Feuerbach verewigten die beiden Liebenden. Die berühmte Skulptur „Der Kuss" von Rodin trug zuerst den Titel „Francesca da Rimini". Tschaikowski und Rachmaninow haben das Schicksal der edlen Frau vertont.

Während Romeo und Julia lediglich Fiktion sind, haben Paolo und Francesca wirklich gelebt, sie waren historische Personen und Zeitgenossen Dantes. Francesca, die junge und schöne Tochter des Herrschers von Ravenna, sollte um das Jahr 1275 aus politischen Gründen mit einem Malatesta-Fürsten von Rimini verheiratet werden, um die jahrelange Feindschaft zwischen den beiden vornehmen Familien zu beenden. Gianciotto, der Erbe des Hauses Malatesta, war, im Gegensatz zu seinem jüngeren Bruder Paolo dem Schönen, ein entstellter und hinkender Mann. Realistischerweise merkte Gianciotto gegenüber Francescas Vater an, dass er ein äußerst hässlicher Mann sei und dazu noch ein Krüppel – die junge und bezaubernde Francesca würde ihn gewiss nicht nehmen wollen. Doch der Brautvater war zuversichtlich: Wenn sie ihn erst nach der Hochzeitsnacht zu Gesicht bekäme, dann würde sie sich schon damit abfinden. Paolo der Schöne wurde als „Gianciotto" nach Ravenna geschickt.

Francesca war hocherfreut über das blendende, jugendliche Aussehen sowie das elegante Auftreten des vermeintlichen Bräutigams, der in Wirklichkeit ihr Schwager war. Kaum war der Hochzeitsvertrag unterzeichnet, schlüpfte statt des jungen Galan der hässliche Ältere zu Francesca ins Brautbett. Das Entsetzen, das die junge Edeldame befallen haben mag, wer kann es sich ausmalen? Irgendwie muss es Paolo gelungen sein, die betrogene Braut zu beschwichtigen. Und immerhin hatte sie ihn stets in ihrer Nähe, wenn auch nicht zum Ehemann. Sie wird ihm wohl vergeben haben. Gianciotto jedenfalls, der auch noch Stadtvogt von Pesaro war, ließ seine junge Frau immer öfter in der Obhut seines Bruders zurück – ob er etwas ahnte und die beiden auf die Probe stellen wollte? Oder ob er seinem Bruder blind vertraute? Das wissen wir heute nicht mehr. Jedenfalls, nach der Danteschen Version bekannten Francesca und Paolo einander ihre Gefühle bei der gemeinsamen Lektüre eines Ritterromans – das Buch war Schuld, und der, der es verfasste:

> *‚Doch willst du wissen, wie sichs so gelenkt*
> *Von unsrer Liebe Wurzel und Beginne,*
> *Thu ich wie der, deß Wort die Thrän' ertränkt.*
> *Wir lasen einst zur Kurzweil, wie die Minne*
> *Den Lanzelot bestrickt in ihren Banden;*
> *Wir waren einsam, sonder Arg im Sinne.*
> *Bei diesem Lesen oft einander fanden*
> *Die Augen sich, entfärbten sich die Wangen;*
> *Doch eines wars, wo wir nicht widerstanden:*
> *Die Stelle, wo dem liebenden Verlangen*
> *Ersehnten Kusses lächelnd ward Gewähr.*
> *Da küßt', an dem ich ewig werde hangen,*
> *Da küßte bebend meinen Mund auch Er.*
> *Verführer war das Buch und ders verfaßte –*
> *An jenem Tage lasen wir nicht mehr.'*
>
> [Inferno V]

Gradara

Der überraschend zurückgekehrte Ehemann ertappte Paolo und Francesca auf frischer Tat und erstach sie alle beide aus Eifersucht und Zorn. Das ganze Drama soll sich hier um das Jahr 1285 abgespielt haben, die Jahreszahl variiert in den Quellen.

Der Besucherrundgang durch die faszinierend schönen Gemächer beginnt im Burghof mit seinen gotischen Arkaden und eleganten Säulen. Eine typische Loggia aus der Renaissancezeit überdacht einen Teil der Rundbögen. Zunächst gelangt man in den Foltersaal, dann in den Saal des Bergfrieds mit seinem Kamin aus dem 16. Jahrhundert. Es folgen weitere Gemächer mit prächtig bemalten Holzkassettendecken, alten Cotto-Böden und mittelalterlichem Mobiliar. Im Saal von Sigismondo und Isotta findet sich ein Tafelbild, das Benedetto da Rimini zugeschrieben wird und in dessen Mitte die Madonna mit dem Kind zu sehen ist. Umlaufend sind die Geheimnisse des Rosenkranzes dargestellt. Bemerkenswert ist auch die Kammer der Lucrezia Borgia: Die Tochter des berüchtigten Papst Alexander VI. wurde in zweiter Ehe mit Giovanni Sforza, dem die Burg seit seiner erfolgreichen Belagerung im Jahre 1464 gehörte, verheiratet.

Giovanni Sforza war auch der Urheber der wüsten Gerüchte, die bis heute über den Borgia-Papst und seine Tochter kursieren. Alexander VI. hatte nämlich die Ehe aus machtpolitischer Erwägung wieder annulliert und dabei als Scheidungsgrund Giovannis Impotenz angegeben. Der stolze Sforza revanchierte sich umgehend mit der Behauptung, dass die Ehe nur deshalb geschieden sei, damit der Papst und sein Sohn Cesare weiterhin ungestört Blutschande mit Lukrezia treiben konnten.

Verflucht ist der Mensch ...

Auf den Türstürzen im Ratssaal ist der Spruch „Maledictus homo – qui confidit in homine" („Verflucht ist der Mensch der einem anderen vertraut") eingemeißelt. Dazu gibt es folgende Anekdote zu berichten: Galeazzo Malatesta (1385-1452), genannt der Versager, schenkte einem heimtückischen Condottiere sein Vertrauen und ließ ihn mitsamt seinem Heer in die Burg hinein, um die Soldaten zu verpflegen. Doch dieser dankte es ihm damit, dass er Galeazzos Männer tötete und ihn gefangen nahm. Nach seiner glücklichen Befreiung ließ er die Inschrift anbringen.

In der Kammer der Francesca soll sich die Ermordung des Liebespaares zugetragen haben. Im Justizsaal findet sich noch eines der schönsten Gemälde von Giovanni Santi, dem Vater Raffaels aus dem Jahre 1484. Außerdem hängt dort über der Richterbank ein mehrfarbiges Holzhochrelief aus der deutschen Schule mit den sieben Erzengeln.

Schließlich birgt die Burgkapelle von Gradara ein sehenswertes Altarbild aus glasiertem Terrakotta in den Farben Weiß und Blau von Andrea della Robbia. Es stammt aus dem Ende des 15. Jahrhunderts und zeigt die Madonna mit dem Kind, die heiligen Katharina von Alexandrien, Magdalena, Augustinus und Hieronymus.

Eine Oase der Spiritualität hoch über dem Meer – das Kamaldulenser-Kloster auf dem Monte Giove bei Fano

Wem nach so viel mittelalterlichen Verschwörungs- und Liebesdramen der Sinn nach Frieden, Ruhe und Spiritualität steht, der kann, sofern er Richtung Fano unterwegs ist, noch einen Abstecher auf den

Monte Giove bei Rosciano machen. Nicht nur der atemberaubende Blick auf Fano und das sich weit an den Horizont hinziehende Meer lohnen den Ausflug. Dort oben steht auch abgeschieden und umgeben von herrlicher Natur die Eremo di Monte Giove, ein parkartig angelegter Klosterkomplex aus Mattonesteinen erbaut, der auf eine bewegte Geschichte zurückblickt und den heute sieben Mönche und eine Nonne des Kamaldulenser-Ordens nutzen. Anfang des 17. Jahrhunderts entstand die Anlage, die jetzige Kirche wurde allerdings erst im 18. Jahrhundert erbaut, nachdem ihre Vorgängerin aufgrund der schlechten Bodenverhältnisse instabil geworden war. Während der napoleonischen Besatzung und der damit zusammenhängenden Verfolgung und Unterdrückung ihrer geistlichen Gemeinschaften, sahen sich die Mönche gezwungen, aus dem Kloster zu fliehen. Im Jahre 1870 konnten sie zurückkehren, jedoch nicht mehr als Eigentümer, sondern nur noch als Nutzer des Terrains. Der Niedergang war jedoch nicht aufzuhalten, 1902 schloss man das Kloster und säkularisierte es. Gut zwanzig Jahre später konnte es seine Pforten wieder öffnen und während des Zweiten Weltkrieges bot es der umliegenden Bevölkerung Zuflucht. Außerdem nahm das Kloster die wertvollsten Handschriften und kostbarsten Bücher aus der Biblioteca Federiciana von Fano auf, um sie vor Plünderung und Verschleppung zu schützen.

In einer Seitenkapelle der Klosterkirche wird ein weiteres sehenswertes Altarbild aus weiß-blauem Terrakotta aufbewahrt.

Wer vormittags oder am späten Nachmittag ankommt, der kann sich auch in dem Klosterlädchen neben der Pforte, in der antica farmacia, mit hochwertigen Produkten aus den Kamaldulenser-Klöstern Italiens versorgen. Die Kamaldulenser stellen vor allem Naturseifen, Weine, Schokolade sowie Körperpflege- und Arzneimittel auf der Basis von Honig aus Eigenproduktion und selbst angebauten Kräutern her.

Urbino

Blick auf den Palazzo Ducale in Urbino

Urbino: Ein Mekka des italienischen „rinascimento"

Urbino, die Stadt auf den zwei Hügeln – urbs bina – besitzt ein Stadtbild von seltener Geschlossenheit, wie man es sonst nur in Siena oder Venedig findet. Den spektakulärsten Anblick bietet sie dem Reisenden, der von Westen, aus der Toskana, kommt. Ansonsten ergeht es ihm möglicherweise wie Michel de Montaigne, der Urbino im Jahre 1580 besuchte und wenig enthusiastisch notierte: „Die Stadt liegt oben auf einer mäßigen Höhe, folgt aber sehr getreu jeder Falte, sodass alles ungleichmäßig ist und man überall hinauf und hinunter muss."

In der Tat geht es hinauf und hinunter in Urbino, am besten parkt man auf einem der großen Parkplätze unterhalb der Altstadt, auf dem Parkplatz 1 gibt es auch einen bequemen Aufzug.

Die morgenländisch anmutenden, traumschönen Zwillingstürme des Palazzo Ducale, den Federico da Montefeltro in der ersten Hälfte des 15. Jahrhunderts erbauen ließ, bestimmen die Silhouette der Stadt. Herzog Federico führte einen der glanzvollsten Renaissancehöfe Europas, umgeben von berühmten Malern, Dichtern und Denkern jener Zeit. Heute gilt der Palazzo Ducale von Urbino als der schönste und besterhaltene Renaissancepalast ganz Italiens und ist neben der Cancelleria in Rom das wichtigste Denkmal profaner Architektur dieser Epoche. Folgt man der Beschilderung von der niedriger gelegenen, zentralen Piazza della Repubblica, gelangt man zum Palast und Dom von Urbino. Zur Stadt hin gibt sich der Gebäudekomplex wenig spektakulär, fast nüchtern. Doch sobald man den einzigartigen Innenhof mit seinen harmonischen Arkaden betritt, findet man sich wieder in der Welt des „quattrocento", die Welt des Federico da Montefeltro und seines glanzvollen Hofes.

Piero della Francesca schrieb hier über die Perspektive und die fünf regelmäßigen Körper, die Mathematiker Luca Pacioli und Paulus von Middelburg wurden an diesem Hof gefeiert und Leon Battista Alberti, der als der bedeutendste Universalgelehrte seiner Zeit galt und das Prinzip der Zentralperspektive erstmalig beschrieb, unterrichtete hier. Mathematik, Malerei und Musik – zusammen mit Loreto galt Urbino bis ins 17. Jahrhundert als Hochburg der zeitgenössischen Musik. Im Palast und im Dom gab man Opern und Oratorien. Selbstverständlich zog es auch Literaten wie Bernardo und Torquato Tasso nach hier. Den besten Einblick über das kultivierte Leben am Hofe der Herzöge von Urbino gibt uns Baldassare Castiglione, ein Diplomat und Schriftsteller, in seinem Buch „Der Hofmann", erstmals gedruckt im Jahre 1528. Castiglione stand im Dienste von Herzog Guidobaldo. In seinem Buch vergleicht er Federico und dessen Vater mit den berühmten Männern des Altertums. Er habe es nicht nur verstanden, siegreiche Schlachten zu schlagen, auch sei er ein großer Förderer und Liebhaber der schönen Künste gewesen:

„Unter anderen löblichen Dingen errichtete er in der herben Lage Urbinos einen Palast, der nach Ansicht vieler der schönste ist, der sich in ganz Italien findet; und er versah ihn so gut mit allem Möglichen, dass er nicht einen Palast, sondern eine Stadt in der Form eines Palastes zu sein schien, und zwar nicht allein mit dem, was man gewöhnlich braucht, wie Silbergeschirr, Wandbespannungen von reichsten Stoffen aus Gold und Seide und andere, ähnliche Dinge, sondern er fügte als Schmuck eine Unzahl antiker Marmor- und Bronzestatuen hinzu, einzigartige Malereien, Musikinstrumente jeder Art; er wollte nur das Seltenste und Beste haben. Ferner sammelte er unter sehr erheblichen Kosten eine große Zahl hervorragender und seltener griechischer, lateinischer und hebräischer Bücher, die er in Gold und Silber binden ließ, weil er sie für das Vortrefflichste in seinem großartigen Palast hielt."

Castiglione zeichnete in seinem Buch die geistvollen Gespräche während der sogenannten „Nachtwachen" auf: festliche abendliche Zusammenkünfte unter der Ägide von Herzogin Elisabetta, einer feinsinnigen Frau voller Esprit.

Elisabetta Gonzaga, Herzogin von Urbino, Gemahlin von Guidobaldo da Montefeltro

Geboren als Tochter des mächtigen Herrschers von Mantua im Jahre 1471, wurde Elisabetta Gonzaga im Alter von 18 Jahren mit dem zarten, blassen Guidobaldo, Sohn des ruhmreichen Federico da Montefeltro verheiratet. Auf einem Porträt, das Raffael zugeschrieben wird, blickt sie den Betrachter leicht spöttisch und ein bisschen müde an. Ihre Gesichtszüge sind ebenmäßig, aber nicht ausgesprochen schön, die hohe Stirn entspricht dem Ideal der Zeit, die Nase ist lang und schmal, der Kirschmund wirkt lieblich, täuscht jedoch über den Charakter dieser Frau hinweg. Als Cesare Borgia, der Sohn von Papst Alexander VI., im Jahre 1502 Urbino einnahm, konnte sie mit Guidobaldo nach Venedig fliehen. Doch die Einnahme des Herzogtums genügte dem Papst nicht. Er wollte der Allianz zwischen den Gonzaga und den Montefeltros einen entscheidenden Schlag versetzen und griff zu einem Mittel, das er bereits bei den Ehen seiner Tochter Lucrezia Borgia erfolgreich eingesetzt hatte: Aufgrund von Guidobaldos Impotenz – der junge Herzog war kränklich und die beiden hatten keine eigenen Kinder – sollte die Ehe, die somit nicht vollzogen worden sei, annulliert werden. Doch Elisabetta widerstand dem ebenso mächtigen wie skrupellosen Alexander VI. und verweigerte sich diesem Ansinnen. Erst nach seinem Tod, ein Jahr später, als ein della Rovere zum Papst gewählt wurde – Julius II. – konnte Guidobaldo sein Herzogtum zurückerobern.

Von den folgenden, glücklichen Jahren berichtet Castiglione in seinem Buch. Es mag sich nicht nur um Galanterie handeln, wenn er das Wirken der klugen Gastgeberin Elisabetta besonders hervorhebt, durch das der Hof von Urbino als „hohe Schule feinster Geselligkeit" unvergänglichen Ruhm erlangt habe.

Der Palazzo Ducale mit der Nationalgalerie der Marken

Durch den Cortile d'Onore – Ehrenhof – genannten Innenhof, bestehend aus sechsmal fünf Bögen, den Dekorbänder in zwei Geschosse teilen, betritt man von der Piazza Rinascimento aus den Gebäudekomplex. Eine flache Travertinsteige, die Ehrentreppe, führt in den ersten Stock, in dem sich die Nationalgalerie der Marken befindet. Im ersten Raum steht ein schöner Marmorkamin, geschmückt mit Statuen des Herkules und seiner Geliebten Jole, weshalb sich dieser Teil der Zimmerfluchten auch appartamento della Jole nennt. Im Sala dell'alcova kann man den meisterlich aus Holz gearbeiteten und wunderschön bemalten Alkoven des Herzogs bewundern, der allerdings früher in den privaten Gemächern seinen Platz hatte. Von den ausgestellten Gemälden in diesem Abschnitt verdient besonders eine Madonna mit Kind von Lorenzo Ghiberti Beachtung. Es geht weiter durch den appartamento dei melaranci genannten Trakt zum Gästeflügel, in dem der heilige Jakob der Marken von Carlo Crivelli ausgestellt ist. Im Saal Nummer 15 hängt eines der wichtigsten Werke von Giovanni Bellini mit einer Darstellung der Heiligen Familie. Weitere Glanzpunkte der Sammlung sind „Die Geißelung" und „Die Madonna von Senigallia" von Piero della Francesca. Man gelangt als nächstes in die privaten Gemächer des Herzogs, die die schönsten

Urbino

des ganzen Palastes sind. Die kleine Kapelle des Guidobaldo mit ihrem Altarbild aus dem 16. Jahrhundert und die capello del perdono, die Bramante entworfen haben soll, gehören ebenso dazu wie das berühmte Arbeitszimmer Federicos. Es atmete den lebendigen Geist dieses Ausnahmefürsten. Hier erholte sich der alte Kämpe und Liebhaber humanistischer Gelehrsamkeit von seinen Feldzügen beim Studium von zeitgenössischen und antiken Schriften.

Die Wände des Kabinetts sind vollständig mit Holz verkleidet, die verblüffend detailreiche Intarsienarbeiten schmücken. Die Ansicht einer Landschaft wie aus einem Fenster, Teile der herzoglichen Ritterrüstung, ein Stundenglas, stapelweise Bücher und die Portraits berühmter Männer – alles ist perfekt und realistisch in verschiedenfarbigem Holz ausgeführt. Herzog Federico war ein ungewöhnlicher Mann. Ein anrührendes Doppelbildnis mit seinem kleinen Sohn Guidobaldo hängt in seinem Schlafgemach und zeigt die beiden in einer sehr häuslichen Szene: Der Herzog, der unter seinem Ornat die Bein- und Armschienen seiner Rüstung trägt, sitzt in die Lektüre vertieft vor einem aufgeschlagenen Buch. Sein kleiner Sohn hält ein Zepter in der Hand und stützt sich lässig auf dem rechten Knie seines Vaters ab.

Es schließen sich die Gemächer der Herzogin mit dem Saal der Nachtwachen an, der Raum, in dem sich die von Castiglione geschilderten kultivierten Soireen abspielten. Darin finden sich heute Gemälde von Giovanni Santi, dem Vater Raffaels sowie zwei Werke von Luca Signorelli. Zu den privaten Räumen der Herzogin gehört auch ein antikisierendes Badezimmer im Untergeschoss, das bequem über eine Wendeltreppe erreicht werden konnte und über fließend warmes Wasser verfügte.

Der zweite Stock des Palastes beherbergt die wichtigsten Werke von Federico Barocci wie die Stigmatisierung des heiligen Franz auf dem Berg La Verna oder die Himmelfahrt Mariens. Außerdem gibt es dort die umfangreiche Keramiken- und Majolikasammlung der Nationalgalerie zu sehen. Auf keinen Fall sollte man versäumen, auch noch einen Blick in die Kellerräume des Palastes, die Ställe, Küche und Wäscherei zu werfen. Der Erbauer hatte an alles gedacht: Einen kleinen Raum für die Aufbewahrung von Schnee und Eis nutzte man, um Vorräte länger frisch zu halten. Außerdem gab es Zisternen, in denen man Wasser sammelte, filterte und in die einzelnen Räume leitete, um jederzeit frisches Trinkwasser zu haben. Ein Heizsystem konnte Küche und Bäder sogar mit Warmwasser versorgen.

San Crescentino – Urbinos Garant für gutes Wetter

Immer wenn die Statue des Schutzheiligen Urbinos, des heiligen Kreszenz – San Crescentino – an seinem Festtag, dem 1. Juni, aus dem Dom getragen wird, soll sich selbst das schlechteste Wetter aufklaren, die Wolken verschwinden und die Sonne anfangen zu scheinen.

Der heilige Kreszenz war ein römischer Soldat, der während der Christenverfolgung von Kaiser Diokletian um das Jahr 303 geköpft wurde. Im Jahre 1068 fragte der Bischof von Urbino, Mainard, bei Fulcone, dem Bischof von Tiferno, um Reliquien für die Stadtkirche an. Fulcone sagte ihm die Überreste des römischen Märtyrers zu und so zog er mitsamt den Honoratioren, Edlen, Priestern und Diakonen von Urbino über das Appeningebirge nach Pietralunga. Dort übergab Fulcone den Körper des San Crescentino an die Urbinaten, für Tiferno selbst wollte er den Kopf zurückbehalten. Als die Einwohner von Tiferno jedoch dahinter kamen, dass da jemand mit dem Körper ihres Heiligen davonzog, bewaffneten sie sich und nahmen die Verfolgung auf. Einer alten Überlieferung zufolge soll mitten im Gebirge plötzlich ein undurchdringlicher Nebel aufgestiegen sein. Die Tiferner sahen die Hand vor Augen nicht mehr, geschweige denn, dass sie die Urbinaten sahen, deshalb gaben sie letztlich auf und Mainard konnte am Abend des 18. Dezember 1068 zusammen mit seinem Klerus und den Honoratioren sowie den Körperknochen des Heiligen zurückkehren. Die Reliquien von San Crescentino fanden ihre Ruhestätte in der Krypta des Domes.

Der „duomo" der Stadt liegt, ebenso wie der Palazzo Ducale, auf der Piazza Rinascimento, der einen Vorgängerbau aus dem 11. Jahrhundert hat. Francesco di Giorgio Martini errichtete ihn im Jahre 1534 im Auftrag von Herzog Federico neu, aber im Jahre 1789 beschädigte ihn ein Erdbeben schwer, insbesondere stürzte die Kuppel ein. Seine heutige, neoklassizistische Form verdankt er dem römischen Stararchitekten des späten 18. Jahrhunderts, Giuseppe Valadier. Der Grundriss entspricht einem lateinischen Kreuz, das Gebäude ist dreischiffig. Im rechten Seitenschiff verdient die Darstellung des heiligen Sebastian besondere Beachtung, in der Sakramentenkapelle das Letzte Abendmahl von Federico Barocci.

Besichtigen sollte man auch das Geburtshaus von Raffael in der Via Rafaello, die von der Piazza della Repubblica ansteigt sowie das Oratorium des Johannes des Täufers in der Via Barocci, in einem besonders pittoresken Viertel der Altstadt, mit besonders schönen Fresken aus dem Leben des Wegbereiters Jesu.

Ein bescheidener Kapuziner, der die Menschen Jesus sehen ließ – der selige Benedetto Passionei

Ein kaum bekannter, doch liebenswerter Sohn der Stadt Urbino ist der selige Benedetto Passionei. Er wurde hier am 23. September 1560 geboren und auf den Namen Marco getauft. Die Eheleute Passionei hatten insgesamt elf Kinder und allesamt erzogen sie sie streng christlich. Marco musste mit vier Jahren den Verlust seines Vaters verkraften, drei Jahre später starb auch seine Mutter. Die Trauer um seine Eltern machte Marco noch religiöser, sein Glaube gab ihm Trost und Kraft. Seine Großeltern übernahmen zunächst die Erziehung der Waisen und holten die Kinder nach Cagli, wo die Familie mehrere Häuser und Grundstücke besaß.

Mit 17 Jahren studierte Marco Jura in Perugia und Padua und machte vier Jahre später seinen Abschluss. Doch seine Begabungen lagen auch in der Literatur und er hatte ein besonderes Feingefühl für Sprache. Einem Freund übersandte er einmal seine Abhandlung über die Zahl Drei, die er für die vollkommenste aller Zahlen hielt, denn sie enthielte auch die Fülle der Zeiten: Vergangenheit, Gegenwart und Zukunft. Wieder zurückgekehrt riet man ihm, seine religiösen Studien in Rom, im Hause des Kardinals Albani, zu vertiefen. Doch das Treiben in der großen Stadt war ihm zu weltlich, die Hofhaltung der Kardinäle, der Prunk und der Überfluss stießen ihn ab. Die kirchliche Laufbahn sei nichts für ihn, klagte er in einem Brief: Ein Kardinal brauche keine Beine, es sei ihm nicht möglich, durch Rom spazieren zu gehen, er habe keine Hände zu schreiben, sondern zwei Sekretäre, und wenn er sich ankleiden wolle, dann stünden drei Diener um ihn herum.

Angewidert kehrte er in die Heimatprovinz zurück, nach Fossombrone in der Nähe von Urbino, wo sein Entschluss reifte, sich ganz Gott zu weihen. Insbesondere die Begegnung mit einem Kapuziner aus dem Konvent auf dem Hügel gegenüber der Stadt inspirierte ihn. Er half ihm, seinen schweren Tragesack den steilen Weg hinauf zu tragen und löcherte ihn mit Fragen: Warum die Kapuziner barfuß gehen? Warum die Glocke immer um Mitternacht läutet? Warum sie keine Reit- und Lasttiere benutzen und kein Geld annehmen dürften? Der junge, fromme Advokat war neugierig und stellte sich beim

Superior vor. Doch niemand traute dem schwächlich und kränklich wirkenden Edelmann zu, dem harten Leben der Kapuziner gewachsen zu sein. Man sagte ihm, er solle nach Fonte Avellana gehen, zu den Kamaldulensern, dort könne er auch seine Studien fortsetzen. Doch Marco ließ nicht locker. Geduldig half er im Konvent, wo er konnte, ohne Ansprüche zu stellen, regelmäßig fand er sich dort zur Messe ein. Seine demütige Hartnäckigkeit überzeugte am Ende: Man schickte den Novizen zunächst in den Konvent nach Fano, an die Küste, wo er den Ordensnamen Benedetto erhielt. Es folgte ein Theologiestudium in Ancona und die Priesterweihe, danach schickten sie ihn zusammen mit einem anderen Bruder auf Missionsreise ins protestantische Deutschland, um den wahren Glauben zu lehren und die dortigen Kapuziner zu stärken und zu regenerieren.

Die Reise wurde ein großer Erfolg, das kleine, aber effektive Team hielt Predigten, feierte die Heilige Messe und die Leute liebten sie wegen ihrer authentischen und überzeugenden Lebensweise in der Nachfolge Jesu. Der selige Benedetto und seine Mitbrüder blieben vier Jahre – andere Quellen nennen zwei Jahre Aufenthalt – in Deutschland und Böhmen, dann kehrten sie wieder in den Konvent nach Fossombrone zurück. Nach kurzer Zeit wurde Benedetto zum Guardian erwählt, unter anderem weil er die Ordensregeln selbst am strengsten befolgte.

Im Jahre 1615 soll es sich zugetragen haben, dass der selige Benedetto vom Colle dei Santi genannten Berg, auf dem sich der Konvent noch heute befindet, in die Stadt hinabstieg. Ein Edelmann hatte ihn darum gebeten, denn dessen Frau lag schon seit vier Tagen in den Wehen und die Ärzte hatten jede Hoffnung sowohl für die Frau wie auch das Kind aufgegeben. Benedetto sprach ein Gebet und segnete die Leidende mit einem Reliquiar. Das Wunder geschah: Noch am selben Tag gebar die Frau ein gesundes Mädchen und genas. Es ist das bekannteste Heilungswunder unseres Seligen, doch wird auch von unzähligen Menschen berichtet, dass er teils schwere Augenleiden geheilt haben soll.

Sein persönliches Auftreten war restlos überzeugend, nicht nur, dass Benedetto außerordentlich demütig war, er kasteite sich auch über Gebühr, selbst während seiner Krankheitsphasen, die ihn immer wieder heimsuchten – chronische Magenkrämpfe und ein Bein, das nach einem Bruch nicht mehr richtig verheilte. Seine Predigten, stets in schlichte Worte gefasst, obwohl er ein gelehrter Mann war, bekehrten viele. Wie einer seiner Biografen die Wirkung des Kapuziners beschreibt: „Die Zeitgenossen von Padre Benedetto – wie auch wir modernen Menschen – wollten nicht nur verstehen, sie wollten auch sehen können. Und ihm gelang es, sie Christus sehen zu lassen, ohne dass er sich direkt darum bemühte. Vielleicht gelang es ihm deshalb so gut, die Herzen der Sünder anzurühren."

Der selige Benedetto war nicht nur ein Wundertäter, sondern auch ein Mystiker. Als er am 30. April 1625 starb, befand er sich in heiliger Ekstase. Erst kurz zuvor war ihm noch in einer Vision der heilige Philipp Neri erschienen. Zum Zeitpunkt seines Todes – es war nachts – soll die Frau seines Freundes, der neben ihr lag und schlief, eine Lichterscheinung im Zimmer gesehen und Benedettos Stimme gehört haben, wie er zu ihnen sagte: „Addio! Ich danke dir für deine Freundschaft und Fürsorge. Der Friede sei mit euch!"

Es sollte nicht sein letztes Wunder bleiben.

Ein Ort, der viel vom Himmel weiß

Als sich die Menschenmassen aus dem ganzen Herzogtum und dem Kirchenstaat im Konvent versammelten, um sich von dem beliebten Pater zu verabschieden, ging von seinem Körper ein unerklärlicher Veilchenduft aus, der den ganzen Konvent erfüllte. Direkt an seiner Totenbahre wurde Girolamo Baiella, damals 22 Jahre alt, von einem schmerzhaften Augenleiden geheilt. Als man nach acht Monaten Benedettos Grab öffnete, um einen Mitbruder zu begraben, strömte er noch diesen Wohlgeruch aus. Obwohl sein Körper an einem feuchten Ort in einem Holzschrein bestattet worden war, zeigte er keine Anzeichen von Verwesung.

Und die Heilungswunder gingen weiter, nicht nur bei Augenkrankheiten, auch bei Tumoren halfen die Anrufung Benedettos und die Berührung mit einem Stück von seinem Habit oder einer anderen Reliquie. Im Zuge seiner Seligsprechung sind drei Heilungswunder aus dem 19. Jahrhundert anerkannt worden.

Auch heute noch pilgern die Menschen zu ihm, in die Kirche des Konvents auf dem Colle dei Santi, der so heißt, weil dieser Kapuzinerkonvent so außerordentlich viele Heilige und Selige gesehen hat. Man erreicht ihn, in dem man der Straße Parocchia Sant' Antonio in ihrem letzten Rechtsknick nicht folgt, sondern den Schildern „Convento" entlang den Berg hinauf fährt. Ganz oben steht ein meterhohes Stahlkreuz neben Kirche und Kloster, das auch vom Tal her sichtbar ist.

Der selige Benedetto ist in der linken Seitenkapelle der Klosterkirche aufgebahrt. Außerdem hat auch der heilige Joseph von Copertino eine Zeit lang hier gelebt – eine Reliquie von ihm befindet sich rechts neben dem Hauptaltar – und ein halbes Dutzend weitere selige und verehrungswürdige Padres. Egidio Picucci, der Biograf des seligen Benedetto, formuliert es poetisch:

„*Wenige Orte in den Marken wissen so viel vom Himmel wie dieser Berg und die Kirche auf ihm.*"

Fonte Avellana

Der Kreuzgang im Kloster Fonte Avellana

Fonte Avellana: Steinerne Trutzburg des Glaubens am Hang des Monte Catria

Wer von Corinaldo nach Pergola fährt und auf der Straße zwischen Pergola und Sassoferrato auf halber Strecke rechts einbiegt, der erreicht den Monte Catria, so hoch „dass unter ihm die Donner dröhnen", wie Dante Alighieri in seiner „Divina Commedia" schreibt. Die Gegend wird zunehmend einsamer, bewaldeter und urwüchsiger. Tatsächlich ist der Monte Catria mit 1 700 Metern einer der höchsten Gipfel des italienischen Zentral-Appenin, übertroffen wird er nur noch von den Monti Sibillini weiter südlich.

An seiner Ostflanke hütet dieser Berg einen architektonischen und spirituellen Schatz. Wie von einer unsichtbaren Zeitkapsel umschlossen – fast unberührt vom Fortgang von Tausend Jahren – erhebt sich zwischen Steineichen, Buchen, Zypressen und Haselnusssträuchern das Kloster der Kamaldulenser von Fonte Avellana. Eine spröde romanische Schönheit wie eine Trutzburg des Glaubens gegen die Brandung der Zeiten, errichtet in dem hellgrauen fossiliendurchzogenen Gestein seiner natürlichen Umgebung. Als sei die Strenge und die Einfachheit des mönchischen Lebens in ihm zu einer Außenhaut geronnen, die sich in perfekter Harmonie mit der majestätischen Umgebung befindet und gleichzeitig sich selbst genug ist. Überragt vom massiven viereckigen Pfeiler des Glockenturms ordnen sich die einzelnen Bauteile zu einem schnörkellosen Ensemble von architektonischer Klarheit, dessen Bogengänge und Fenster sich dem Tal und dem Tageslicht öffnen wie Blüten der Sonne.

Am eindrucksvollsten zeigt sich dieses Prinzip verwirklicht im Scriptorium von Fonte Avellana aus dem 12. Jahrhundert. Von den insgesamt vierzehn einbogigen Fenstern der oberen Reihe weisen sechs nach Osten, eines nach Süden und sieben nach Westen, so konnten sie die Kopisten mit dem Maximum an Tageslicht für ihre anstrengende Arbeit versorgen. Gleichzeitig diente die Anordnung der Oberlichter auch als Sonnenuhr und Jahreskalender, der die Sonnenwenden im Juni und Dezember noch immer zuverlässig anzeigt. Am 21. Juni etwa fallen die Strahlen des Sonnenaufgangs durch das erste Ostfenster, die Strahlen bei ihrem Untergang durch das letzte Westfenster in den Raum.

Aus dem 12. Jahrhundert stammt auch der Kapitelsaal, den man ebenso wie das Scriptorium im Rahmen einer kleinen Führung besichtigen kann. Im Kapitelsaal versammelten sich die Mönche, dort wurden Angelegenheiten der Gemeinschaft vorgetragen, besprochen und entschieden. Der Raum besitzt eine eigene Atmosphäre und eine besondere Akustik, unterstützt durch das Tonnengewölbe der Decke. Drei schmale Fenster zeigen Richtung Osten, zum Ursprung des Lichts.

Den ältesten erhaltenen Bauteil des Klosters stellt die Krypta aus dem 10. Jahrhundert dar: Sie war die ursprüngliche Kirche der ersten Mönche und ist zum Teil direkt in den Fels des Catria hineingehauen. Durch ihre eigentümliche Form, ein griechisches Kreuz, das spätere Baumaßnahmen verstümmelten, die fast zwei Meter dicken romanischen Mauern, die sich in der Apsis niedrig krümmen und von lediglich zwei winzigen Fenstern Richtung Osten durchbrochen werden, entsteht der Eindruck einer Raumkapsel mit zwei Bullaugen.

Generationen von Mönchen haben in ihr die Stundengebete gesungen, an dem tausendjährigen Altar die Heilige Messe gefeiert; dieser „Zeitkapsel der Gottesverehrung" entstiegen an die fünfzig Bischöfe und eine beeindruckende Zahl von Seligen und Heiligen der katholischen Kirche.

Fonte Avellana

Der heilige Petrus Damiani und sein Kampf gegen den dekadenten Klerus seiner Zeit

Auch die beiden Eremitenmönche, denen ein gewisser Petrus Damiani, ein erfolgreicher Rhetoriklehrer zu Ravenna, auf einer Reise nach Parma begegnete, gehörten dem Kloster an. In einer Welt, in der es recht wüst zugegangen sein muss – an den Universitäten wurde nicht nur gelernt und gelehrt, sondern auch gehurt und gesoffen, gespielt und um Geld gewettet – beeindruckte den Gelehrten ganz besonders die Demut, Bescheidenheit und Anspruchslosigkeit dieser Mönche – so stark, dass er ihnen nach Fonte Avellana folgte und 1039 in das Kloster eintrat. Dort entfalteten sich sämtliche Talente dieses großartigen Gelehrten, der sich nicht nur in seiner persönlichen Lebensweise in strengste Zucht nahm, sondern auch seine Mitbrüder anhielt, sich Übungen in Selbstgeißelung zu unterziehen. Petrus Damiani stellte die wirtschaftliche Grundlage des Klosters auf solide Beine, er ließ eine Kirche bauen und gründete eine Bibliothek, denn natürlich wollte er auch als Eremit weiterhin seine Studien treiben. Auch das beeindruckende Skriptorium entstammt seinen Ideen, obwohl er seine Fertigstellung nicht mehr erlebt hat. Von seinem Felsenhorst aus führte er einen regen Schriftverkehr mit Bischöfen, Äbten und Päpsten. Sein Wort und seine Gedanken hatten Gewicht, seine persönliche Lebensführung überzeugte, und so wurde der heilige Petrus Damiani zu einer der wichtigsten Gestalten innerhalb der kirchlichen Reformbewegung des 11. Jahrhunderts.

Das Liber gomorrhianus wider die sexuellen Verfehlungen von Priestern und Mönchen

Petrus Damiani kämpfte mit allen Mitteln, die ihm zur Verfügung standen, gegen den Verfall im Klerus an. Da waren vor allem die Waffen seines scharfen Geistes und seiner hervorragenden Bildung. Doch diese alleine hätten ihm nicht genutzt, wenn er nicht von einer vorbildlichen persönlichen Frömmigkeit gewesen wäre, und er seine Schritte nicht vollständig an die Schritte Jesu Christi angepasst hätte. Mit der Schrift „Liber gratissimus" sagte er dem verbreitetsten Übel seiner Zeit, dem Ämterhandel, den Kampf an, mit dem „Liber gomorrhianus", dem Buch von Gomorrha beschrieb er mit akribischer Genauigkeit die sexuellen Versuchungen und Sünden, denen sich Mönche und Kleriker ausgesetzt sahen, getreu dem Motto: Nur, wer den Feind kennt, kann ihn besiegen.

Unter aktuellen Bezügen betrachtet wird schnell klar, dass die Herabwürdigung der wahren und gottgewollten sexuellen Natur des Menschen ein Zeit, Ort und Kulturen überschreitendes Phänomen darstellt, gegen das die Kirche von Beginn an und praktisch immer gekämpft hat.

Eventuell besaß Petrus Damiani schon hervorragende charakterliche Anlagen, denn ein lauer Weichling wird sich von vornherein nicht vom harten Mönchsleben in Fonte Avellana angezogen gefühlt haben. Sicher jedoch ist, dass ihn auch das karge, völlig auf Gott ausgerichtete Leben der Asketenmönche schliff wie eine gute Waffe, sodass seine Fähigkeiten im Kampf gegen die Sünde und das Böse aufleuchteten wie polierter Stahl im Einsatz für das Licht der Welt.

Vielleicht wäre ja sogar ein möglicher Beitrag zur Lösung der aktuellen Probleme in der Kirche, wieder vermehrt Eremitenbischöfe und -kardinäle zu ernennen. Diese könnte man dann auch schwerlich beim „Schachspielen in einer Spelunke" ertappen, wie es dem Bischof von Florenz geschah. „Entehrung Gottes durch Befleckung mit schändlicher Kurzweil" lautete die Diagnose, die Spielsucht war im Klerus weit verbreitet. Petrus Damiani hielt eisern dagegen.

Es war ihm nicht vergönnt, nach einem anstrengenden und kämpferischen Leben für die Heiligung der Kirche in seinem Kloster zu sterben, er starb im Jahr 1072 auf dem Heimweg von Ravenna in Faenza, nur ein paar Tagesreisen entfernt, wo man ihn auch begrub. Doch sein segensreiches Wirken strahlte durch die Jahrhunderte weiter, noch bis heute. Dante Alighieri erwähnt ihn dreihundert Jahre später im 21. Paradiesgesang der Göttlichen Komödie. Ein Mann also wie ein Leuchtfeuer durch die Jahrhunderte gegen Simonie und Korruption. Überhaupt gibt es Anhaltspunkte dafür, dass Dante Alighieri auch seine Einsiedelei bei den Quellen und den Haselnussbäumen kannte. Ein Besuch in Fonte Avellana selbst ist zwar nicht durch einen Chronikeintrag dokumentiert, dafür aber im benachbarten Kloster von Gubbio für das Jahr 1318. Man geht also davon aus, dass er bei dieser Gelegenheit auch die Einsiedelei besichtigt hat. Dante schreibt, und lässt dabei Petrus Damiani selbst zu Wort kommen:

> *„Inmitten von Italiens beiden Ufern*
> *Erheben, unfern deiner Heimat, Felsen*
> *So hoch sich, dass die Donner tiefer rollen.*
> *Den Höcker, den sie bilden, nennt man Catria;*
> *Ein Eremitenkloster liegt darunter,*
> *Bestimmt nur zu andächtiger Betrachtung."*

Kurz darauf, im Jahre 1325, wurde die Einsiedelei zu einer Abtei. Die Mönche folgten den Regeln des heiligen Romuald von Camaldoli aus benediktinischer Tradition – auch heute noch. Der Klausurbereich ist deshalb für Besichtigungen nicht freigegeben. Leider gehört dazu auch die alte Klosterbibliothek, deren Bestand etwa

Fonte Avellana

25 000 Bücher aus den Anfängen des Buchdrucks und der Zeit bis zum 19. Jahrhundert umfasst. Dafür entschädigt der ungewöhnliche und imponierende Kreuzgang aus dem 11. Jahrhundert, die statio der Mönche, die sich hier, von der Feldarbeit kommend, auf den Gottesdienst vorbereiteten und sich am Brunnen waschen und versammeln konnten. Die Gewölbebögen sind romanisch und phönizisch inspiriert.

Obwohl der Klausurbereich selbst nicht zugänglich ist, nehmen die Kamaldulenser des Klosters zum Heiligen Kreuz gerne Gäste für Exerzitientage oder Unterweisungen in der „lectio divina" auf und ermöglichen ihnen, die Liturgie mitzufeiern. Außerdem bieten sie ein Veranstaltungsprogramm künstlerischer, musikalischer und wissenschaftlicher Natur an. Es gibt ein eigenes kleines Forschungszentrum, das Studien zur avellanischen Geschichte und Theologie betreibt.

Nach alter Kamaldulensertradition findet sich in Fonte Avellana auch eine Klosterapotheke, in der Salben, Schokolade, Teemischungen und Honig verkauft werden.

Wer dem Straßenverlauf den Berg hinauf weiter folgt, erhält noch beeindruckende Ansichten der gesamten baulichen Schönheit des Klosters und einen guten Eindruck von der Harmonie, mit der sich Fonte Avellana in die Berglandschaft einfügt. Folgt man der Straße in Richtung Norden, gelangt man zu dem mittelalterlichen Städtchen Frontone mit seinem eindrucksvollen kleinen castello, das als gutes Beispiel für die militärische Architektur des 11. Jahrhunderts gilt. Von Frontones Mauern aus hat man einen herrlichen Panoramablick, die Gässchen bieten reizvolle Einblicke. Wer in Frontone einkehren möchte, sollte die Spezialitäten der Region kosten: vor allem Tagliatelle mit Steinpilzen oder Entenragout und „la crescia", ein typisches Fladenbrot, das mit verschiedenen Gewürzen und Füllungen im Holzofen gebacken wird.

Corinaldo und Ostra Vetere

Ansicht des Ortes Corinaldo

Corinaldo und Ostra Vetere:
Der Geburtsort der heiligen Maria Goretti und die Grablege einer seligen Klarissin

Das Wehrstädtchen Corinaldo ist umgeben von sanft geschwungenen Hügelketten, von Äckern und Feldern, Olivenhainen und Weinbergen, und blickt auf der einen Seite hinunter zur azurblauen Adria, auf der anderen hoch zu den verschneiten Gipfeln ins Landesinnere.

Nicht nur die landschaftliche Lage des Städtchens ist einzigartig, auch sein mittelalterliches Stadtbild ist bemerkenswert gut erhalten. Corinaldo zählt zu den Hundert schönsten „borghi" – Burgstädtchen – Italiens.

Im 14. Jahrhundert erbaute die noble Dynastie der Malatesta eine Stadtmauer von fast 900 Metern Länge und 18 Metern Höhe nur aus Mattone, den warmfarbenen Backsteinen dieser Region – mit malerisch bezinnten Türmen und Wehrgängen.

Draußen vor den imposanten Mauern der Stadt steht das unscheinbare Häuschen der Familie Goretti. Ein typisches Bauernhaus, erbaut aus Mattone, wie man es überall hier findet: von Schirmpinien beschattet und von alten Olivenbäumen umgeben, mit großartigem Blick auf das spitztürmige Nachbarstädtchen Ostra Vetere. Im ersten Stock befindet sich ein gigantischer offener Kamin, an dem gekocht, gesotten und gebraten wurde – sofern es überhaupt etwas zu essen gab. Die Gorettis waren arm und litten immer wieder Hunger. Ein kleiner Holztisch, ein Spülstein. Dazu zwei weitere Kammern: In der einen kam die kleine Maria zur Welt, in der anderen steht ein

Corinaldo und Ostra Vetere

Webstuhl. Unten die cantina, der Lagerraum für Wein und Öl, ein Einstand für Hühner und eine Kapelle, die ursprünglich hier nicht war. Hier begann am 16. Oktober 1890 die kurze und traurige Lebensgeschichte der jüngsten Heiligen, die die Kirche kennt.

Es ist eine Geschichte, wie sie sich allenfalls ein Fjodor Dostojewskij hätte ausdenken können: Die Geschichte eines brutalen Mordes, der größtmöglichen und bedingungslosen Vergebung, die es auf Erden geben kann und einer unfassbarem, alles verwandelnden Umkehr, die wahrhaft biblische Dimensionen hat.

Es ist die Geschichte des unschuldigen Mädchens Maria Goretti und die ihres Mörders, Alessandro Serenelli.

Die kleine Maria wuchs als älteste von fünf Kindern des Kleinbauern Luigi und seiner Frau Assunta auf. Wir können davon ausgehen, dass sie schon früh die Verantwortung für ihre Geschwister übernahm und im Haus und bei der Arbeit mithalf. Die Erde um Corinaldo ist ungewöhnlich schwer und äußerst lehmhaltig, die Feldarbeit anstrengender als anderswo. Saubohnen und Mais, Mais und Saubohnen, viel mehr Abwechslung wird der Küchentisch der Gorettis nicht gesehen haben.

Als die Felder einfach nicht mehr genug hergaben, beschlossen die Gorettis in die Nähe von Nettuno ans Tyrrhenische Meer zu ziehen, also just auf die andere Seite des Stiefels, in die berüchtigten Pontinischen Sümpfe. Maria war zu diesem Zeitpunkt neun Jahre alt, ein fromm erzogenes und tiefgläubiges Kind. Als ein Jahr später der Vater an Malaria starb, tröstete die Kleine die Mutter mit den Worten, dass Gott schon helfen werde. Vermutlich konnte Marietta, wie sie in der Familie gerufen wurde, kaum lesen oder schreiben. Kinder armer

Kleinbauern oder Pächter besuchten damals kaum die Schule, Analphabetentum herrschte bei ihnen vor. Dafür besaß Marietta einen glühenden und sehnsüchtigen Glauben und sie wusste sehr genau zu unterscheiden zwischen Laster und Tugend, Sünde und gottgefälligem Handeln.

Marietta war gehorsam, ernsthaft und fleißig. Sie half im Haus und auf dem Feld mit, wo es nur ging – weil es gar nicht anders ging. Jeden Abend betete sie den Rosenkranz, bei der Arbeit sang sie zusammen mit den anderen Marienlieder. Sie war ein stilles Mädchen, das wohl gerne Nonne geworden wäre und sich auf den Tag ihrer Erstkommunion freute, an dem sie zum ersten und einzigen Mal in ihrem Leben ein schönes weißes Kleid tragen durfte, den Korallenschmuck ihrer Mutter um den Hals und einen Kranz aus Feldblumen im Haar.

Der 16-jährige Alessandro Serenelli, der im selben Haus wohnte wie die Gorettis, war dagegen ein ziemlich zwiespältiger Typ. Von ihm selbst wissen wir, dass er von Zeitschriften und Zeitungen beeinflusst wurde, von Menschen, die kein gutes Beispiel für ihn waren. Er hatte viele Jahre als Bootsjunge auf Fischerbooten und Frachtkähnen verbracht, nun ernährte er seinen kranken und trunksüchtigen Vater, die Mutter war bereits tot.

Er wird geschildert als ein einerseits freundlicher junger Mann, der Fremden gegenüber aufgrund seiner Schüchternheit auch schroff und abweisend sein konnte. Alessandro konnte lesen, er war nicht dumm, aber er litt offensichtlich in seiner Jugend an einer gewissen Gefühlskälte und rücksichtslosem Egoismus. Vor allem aber las er einschlägige Magazine. Im Vergleich zu dem, was heute geboten wird, sicher harmlos. Aber es reichte aus: Sein sexuelles Verlangen wuchs und wuchs. Und Marietta war die einzige „Frau" für ihn in Reichweite – sie war erst elf Jahr alt. Sie gefiel ihm, obwohl er sie nicht als „schön" empfand, wie er einmal sagte. Sie gefiel ihm, weil sie da war und vielleicht auch besonders deswegen, weil er vor ihr keine Angst haben musste wie vor einer erwachsenen Frau.

Und so begann er, sie zu belästigen und zu bedrängen, und weil sie ihm sexuell nicht zu Willen sein wollte, auch immer häufiger zu schikanieren. Selbstverständlich musste sie ihn von hinten bis vorne bedienen, doch seine Befehle wurden immer bösartiger und unsinniger. Marietta erzählte der Mutter nichts davon, ob aus Scham oder aus Angst vor Alessandro – oder beidem. An einem heißen Nachmittag im Juli 1902, die Pächter waren mit Freunden und Bekannten bei der Bohnenernte, lauerte Alessandro ihr im Haus auf und versuchte sie zu vergewaltigen. Sie wehrte sich und rief immer wieder „Tu es nicht, Alessandro, du kommst in die Hölle!" Alessandro geriet in Rage, griff nach einer Ahle und hackte vierzehn Mal damit auf den Körper des Mädchens ein. Sie habe mit diesen Worten ihre Reinheit verteidigt und gilt daher als Märtyrerin für die Tugend der Keuschheit.

Sie wollte lieber sterben als eine Sünde begehen – doch hatte sie eine Wahl? Wohl nicht. Ihr Mörder hätte diese Wahl gehabt, doch er dachte nicht daran, von ihr abzulassen, selbst als sie ihn um seines eigenen Seelenheiles willen darum bat.

Es ist wenig bemerkt worden von Kritikern und vor allem von Kritikerinnen dieser Heiligsprechung, dass das Kind zwar seine Keuschheit verteidigte, sofern sie als schwaches Mädchen überhaupt dazu in der Lage war, es ihr aber in erster Linie nicht um sich selbst ging: Tu es nicht Alessandro, du kommst in die Hölle!

Diese Tatsache, und dass sie ihrem Mörder auf dem Sterbebett mit den Worten „Ich vergebe ihm, ich bete für ihn, ich will ihn bei mir im Paradies haben" verzieh, macht das barfüßige Mädchen aus Corinaldo zu einem fast unerreichbar erscheinenden Vorbild in der

Corinaldo und Ostra Vetere

Nachfolge Christi. Noch bevor die Kirche darauf kam, dass man dieses Mädchen zu Ehren der Altäre erheben müsse, huldigten ihr bereits die einfachen Leute, die Lumpensammler, die Kleinbauern und Viehhirten in den Pontinischen Sümpfen und von Corinaldo.

Ihr Mörder, der bemerkenswert wenig Reue zeigte, wanderte für dreißig Jahre ins Zuchthaus – Maria Goretti schwebte in einer Gloriole hinauf in einen dramatisch beleuchteten italienischen Sommerhimmel, umflattert von Engeln, das Antlitz emporgehoben ins Ewige Licht, überstrahlt von einem überirdischen Glanz. So würde die Geschichte à la Hollywood enden.

Doch Gott hatte wieder einmal das bessere Drehbuch.

Im achten Jahr seines Gefängnisaufenthaltes hatte Alessandro eine Traumerscheinung von Marietta, die ihm ganz in Weiß gekleidet in einem wunderschönen Garten begegnet, erneut ihre Vergebung zusichert und ihm eine weiße Lilie nach der anderen überreicht, die sich in seinen Händen nach und nach zu funkelnden Kerzen verwandelten. Endlich bekehrte er sich, zeigte Reue und erhielt die Erlaubnis, in seiner Zelle einen Altar mit Blumen, Kreuz und einem Bild von Marietta einzurichten. Wegen vorbildlicher Führung wurde er schon nach 26 Jahren entlassen und kehrte zurück an die Adria, zu einem Kapuzinerkonvent in den Marken, wo er Aufnahme als Laienbruder fand und einfache Arbeiten erledigte. Ein altes Foto zeigt ihn – einen sympathischen Opa – mit einem Gärtnerschurz bekleidet beim Schneiden der Obstbäume. Eine andere Aufnahme vor dem Hausaltar in seinem Zimmer mit einem Bild Mariettas und einem großen Rosenkranz aus Holz. Rote Lilien stehen in zwei Vasen darauf und verweisen auf die „Lilie in Purpur", die Jungfrau, die das Martyrium erlitt. Und schließlich gibt es ein Foto, das ihn einträchtig neben „Mamma Assunta" zeigt, wie die nach Corinaldo zurückgekehrte Mutter Mariettas nun liebevoll von allen genannt wird. Mamma Assunta fand eine Anstellung im Pfarrhaus und Alessandro erschien in der Weihnachtszeit bei ihr, um ihre Vergebung zu erbitten. „Wenn Gott dir vergeben hat, wie könnte ich dir da nicht vergeben?", soll sie gesagt haben und so erlebte das Städtchen Corinaldo ein Weihnachtswunder der besonderen Art, als die Mutter des Opfers und der reuige und bekehrte Mörder Seite an Seite beim Messbesuch zum Tisch des Herrn vortraten.

Und so schloss sich der Kreis, endet unsere Geschichte in Corinaldo, wo alles begann. Marietta ist zwar in Nettuno begraben, doch im Santuario Maria Goretti, der ehemaligen Augustinerkirche des Ortes, bewahrt man zwei Reliquien von ihr auf und hält ihr Geburtshaus in Ehren.

Alessandro starb im hohen Alter von 88 Jahren im Konvent in Macerata in den Marken und hinterließ ein geistliches Testament, in dem er vor dem Konsum von erotischen und pornografischen Zeitschriften warnt. Marietta ist eine beliebte Heilige, die Menschen kommen herunter von Mailand, um ihr Geburtshaus zu besuchen und ihre Reliquie zu sehen, aus Ungarn, aus Deutschland, Österreich und der Schweiz, sogar aus Übersee. Corinaldo selbst ehrt seine Tochter an ihren Gedenktagen mit Festgottesdiensten und Umzügen. Aus den Fenstern der Häuser in der Altstadt flattern dann türkisfarbene Tücher bemalt mit weißen Lilien, das Emblem von Marietta. Hunderte Gebetskreise und Apostolate tragen ihren Namen. Schließlich ist auch Alessandro unvergessen. Unter dem Namen „The Serenellians" haben sich US-Katholiken informell zu einer Initiative zusammengeschlossen, die Pornosüchtigen helfen möchte.

Im Santuario Maria Goretti in der Altstadt von Corinaldo erinnern eine Marmorplatte und ein Bild, vor dem meistens eine Kerze brennt, an den reuigen und bekehrten Alessandro Serenelli.

Ich will eine Heilige werden! Die selige Maria Crocifissa Satellico und der ehemalige Klarissenkonvent in Ostra Vetere

Etwas weniger dramatisch verlief die Lebensgeschichte der seligen Maria Crocifissa Satellico. Blickt man von den Wehrmauern Corinaldos landeinwärts, dann zeichnet sich wie ein Traumgebilde die Silhouette des Städtchens Ostra Vetere vor den Gebirgsketten ab. Fährt man zunächst Richtung Pianello in Serpentinen den Berg hinauf, dann anstatt nach Pianello, über die lang gestreckten Sträßchen auf dem Hügelrücken von Osten her nach Ostra Vetere und man hat das Glück, das gerade eine orange- und blutorangefarbene Abendstimmung herrscht, dann sieht das Städtchen aus als habe es eine göttliche Hand herabgesenkt. Ein spitztürmiges, kuppelbekröntes Himmlisches Jerusalem – nur nicht viereckig, sondern aufsteigend wie eine Hochzeitstorte.

Ostra Vetere hieß bis 1882 Montenovo und gehört wie Corinaldo zu den „Castelli di Jesi" – dem Wehrstädtchenring um Jesi. Neben der Ausgrabungsstelle einer Römersiedlung auf dem Gemeindegebiet finden sich zahlreiche Zeugnisse des Christentums in Ostra Vetere. Etwa auf der kleinen Piazza der Kreuzgang eines Franziskanerklosters mit teilweise erhaltenen Fresken aus dem Leben des Poverello von Assisi aus dem 14. Jahrhundert. Auch die Klarissen hatten hier ein Kloster: Nach der lokalen Ortschronik von Pietro Brunacci bestand es bereits im Jahre 1285. In ihr wurde auch festgehalten, dass im Jahre 1435 eine Dame Bianca aus dem edlen Hause der Sforza hier den Schleier nahm. Dies bedeutete mehr finanzielle Zuwendungen für die Schwestern, das Gebäude konnte damals wesentlich erweitert und ausgebaut werden. Seit dem 18. Jahrhundert wird hier die selige Maria Crocifissa Satellico verehrt, deren Reliquien in einem gläsernen Schrein in der Kirche Santa Lucia, die zum ehemaligen Klosterkomplex gehört, aufbewahrt werden. Geboren am Silvestertag des Jahres 1706 in Venedig hatte sich Elisabeth Maria, so ihr Taufname, schon als kleines Mädchen fest vorgenommen: Ich will in ein Kloster eintreten und, wenn es mir gelingt, eine Heilige werden. Mit 14 Jahren ging sie in das heutige Ostra Vetere zu den Klarissen, die auf der Suche nach einer Kantorin und Organistin waren, nahm am Gemeinschaftsleben teil und vervollkommnete ihre musikalische Ausbildung. Die Orgel, an der sie gespielt hat, steht noch heute in der Kirche.

Bei ihrer Einkleidung im Jahre 1725 nahm sie den Namen Maria Crocifissa – die Gekreuzigte – an. Mit nur 36 Jahren wählte man sie aufgrund ihrer tadellosen Frömmigkeit, Weisheit und Demut zur Äbtissin. Maria Crocifissa betete Tag und Nacht, wurde zehn Jahre lang vom Teufel versucht und widerstand allen Anfechtungen und Versuchungen mit heroischer Tapferkeit und Bescheidenheit. Sie kümmerte sich vorbildlich um kranke Schwestern, um die Armen des Städtchens, und sie griff, wenn die Vorräte im Kloster zur Neige gingen, zu unkonventionell-konventionellen Mitteln wie wunderbarer Mehl-, Öl- oder Brotvermehrung. Maria Crocifissa pflegte ein besonders inniges Verhältnis zur Heiligen Eucharistie und zum Gekreuzigten, nach dem sie benannt worden war. Der Jesus am Kreuz, der noch heute in der Kirche San Lucia über dem Hauptaltar hängt, soll mehrmals zu ihr gesprochen und sogar seine Arme vom Querbalken gelöst haben, um sie zu umfangen.

Weil die Symptome ihrer Schwindsucht immer stärker wurden, konnte sie die Schwestern davon abhalten, sie erneut als Äbtissin zu wählen. Von großer Freude erfüllt, bereitete sie sich darauf vor, mit dem Gekreuzigten in die Ewigkeit einzutreten. Sie empfing die Sterbesakramente und starb mit nur 39 Jahren am 8. November 1745. Gleich darauf verbreitete sich ihr Ruf durch die ganze Diözese Senigallia bis nach Venedig, ihrer Geburtsstadt. Das Verfahren zu ihrer Seligsprechung wurde bereits 1752, kurz nach ihrem

Tode aufgenommen, aber erst im Jahre 1993 von Johannes-Paul II. abgeschlossen.

Pasquale Baylon und das große Fest ihm zu Ehren im Convento Santa Croce

Wie die Verehrung des spanischen Heiligen Paschalis bzw. Pasquale Baylon eigentlich nach Ostra Vetere gekommen ist, weiß heute niemand mehr so genau. Jedenfalls ist es angemessen, dass der Erfinder der heute in Italien so beliebten Zabaione – eine Creme aus Eiern und Wein – in welcher das Wort Baylon als Zusammenziehung aus „San Bayon" noch aufscheint, italienweit derart gewürdigt wird. Gemäß alter Überlieferung habe Bruder Paschalis die Zabaione zuerst nach Turin gebracht. Dort hielt er sich eine Zeit lang in einem Konvent auf und er soll die Creme den Frauen empfohlen haben, die sich in der Beichte beklagten, ihre Ehemänner seien ihnen nicht „lebhaft" genug. Das einfache, aber wirksame Rezept verbreitete sich vom Piemont aus über ganz Italien.

Im franziskanischen Minderbrüder- Konvent Santa Croce vor den Stadtmauern befindet sich jedenfalls sein Santuario, wobei es freilich nicht das einzige in Italien ist. Die Verehrung im Volke für den heiligen Pasquale war sehr hoch, und noch heute wird am 17. Mai, seinem Gedenktag, ein großes Fest mit Feuerwerk ausgerichtet. Ein alter Versspruch, den die unverheirateten Mädchen in Ostra Vetere wie auch in Neapel sangen, wo seine Verehrung ebenfalls sehr verbreitet war, ist überliefert:

„San Pasquale Bailònne / protettore delle donne /
fàteme trovà marito / bianco, rosso e colorìto / come vò, tale e quale /
o glorioso San Pasquale."

(„Heiliger Pasquale Baylon/Beschützer der Frauen/hilf mir, einen Ehemann zu finden/weiß, rot und bunt, ganz wie du willst, oh ruhmreicher Heiliger Pasquale.")

In Neapel ist er so beliebt, dass man sogar einen Platz nach ihm benannt hat. In seiner Kirche dort findet sich die Gedenkschrift ihres Erbauers, König Karl III., der sich bei dem Heiligen für die Geburt seines Stammhalters bedankt.

Offensichtlich konnte die stärkende Creme, die der heilige Pasquale empfohlen hatte, sogar im königlichen Haushalt für eine gewisse Wiederbelebung sorgen.

Pasquale wurde im Jahre 1540 an Pfingsten in Torre Hermosa in Spanien geboren und hütete schon seit dem Alter von sieben Jahren die Schafherden der Familien des Dorfes. Obwohl er im Alter von 52 Jahren starb, stellt man ihn stets als Jugendlichen dar, immer in einer kindlich erscheinenden Verehrung mit der heiligen Eucharistie, deren glühendster Bekenner und Verehrer er seit Kindesbeinen war. Wenn er vermisst wurde, brauchte seine Mutter nur in die Kirche zu gehen – dort kniete er in andächtiger Anbetung auf den Stufen vor dem Tabernakel mit dem Allerheiligsten darin. Auch während der langen, einsamen Tage und Nächte mit den Herden draußen auf den Weiden pflegte er das Gebet, besonders den Rosenkranz und die marianischen Tagzeiten. Es wird überliefert, dass ihm während dieser Zeit einmal der heilige Franziskus und die heilige Klara erschienen sein sollen, um ihn dazu aufzurufen, Franziskaner zu werden. Im Alter von 24 Jahren nahm er den Habit und etwa zehn Jahre später schickte man ihn auf Missionsreise nach Frankreich, das im letzten Drittel des 16. Jahrhunderts von blutigen religiösen Auseinandersetzungen erschüttert wurde. Besonders die Hugenotten wollten seine Predigten über die heilige Eucharistie und die Realpräsenz nicht hören, obwohl er viele wieder zum rechten Glauben bekehren konnte. Doch wurde er immer wieder von einer aufgebrachten Meute gehetzt und ein Mal sogar bei dem Versuch ihn zu steinigen verletzt. Irgendwie schaffte er es immer, in letzter Sekunde zu entkommen. Seine letzten Jahre verbrachte er in Ruhe und Frieden als Novizenmeister seines Heimatklosters, wegen seiner frommen Wundertaten, Krankenheilungen, seiner glühenden Verehrung des Allerheiligsten und seiner prophetischen Gabe verehrt von seinen Mitbrüdern und von den einfachen Gläubigen der Umgebung.

Laut Joan Caroll Cruz' maßgeblichem Werk „The Incorruptibles" zählt der heilige Pasquale Baylon zu den unverweslichen Heiligen. Unter diesen Heiligen gibt es wiederum eine Spezialgruppe höchst unruhiger Herrschaften: Zum Beispiel wird von der heiligen Rita von Cascia berichtet, sie habe mehrmals die Position in ihrem Sarg verändert, die Augen geöffnet und wieder geschlossen, völlig ohne äußeren Anlass. Beim heiligen Pasquale dagegen war schon damit zu rechnen, dass er in dem Moment, als der Priester die Hostie zur Wandlung erhob, in seinem Sarg die Augen aufschlug, um die Realpräsenz ein letztes Mal zu ehren.

Doch das war nicht das einzige Wunder, das seit seinem Tode geschah. Als man ihn aus seiner bescheidenen Zelle in eine größere Kirche überführte und aufbahrte, leuchtete sein Antlitz und auf seiner Stirn sammelte sich ein wohlriechender Schweiß, der während der ganzen drei Tage seiner Aufbewahrung nicht aufhörte zu fließen. Die Menschen strichen mit Tüchern darüber, und durch die Berührung mit diesen Tüchern wurden später noch immer wieder Kranke geheilt. Was nun das Wunder des kurzzeitigen Erwachens des Heiligen während der Wandlung betrifft, so gibt es den Bericht einer Augenzeugin namens Eleanora Jorda y Miedes, die zuvor gegenüber Leichen eine unüberwindliche Abneigung gehabt hatte:

„Ich ging zu Bruder Paschalis und küsste ihm die Hände und Füße, gerade so, als ob er noch lebendig wäre. Dazu sah ich den wunderbaren Tau auf seiner Stirn. Ich fühlte mich so wohl an seiner Seite, dass ich beschloss, bis zum Ende des Hochamtes zu bleiben. Zu meiner Schande muss ich gestehen, dass der heilige Mann mehr meine Aufmerksamkeit auf sich zog als die ganzen Vorgänge bei dem heiligen Messopfer. Als ich sah, wie sich seine Augen bei der Wandlung öffneten, erschrak ich derart, dass ich einen lauten Schrei ausstieß: ‚Mamma! Mamma! Schau nur, Bruder Paschalis hat offene Augen!' Sie schaute genauer hin und auch sie sah das Wunder und wie sie sich bei der zweiten Wandlung wieder schlossen. Alle, die des Geschehens ansichtig wurden, dachten sich, dass der Herr selbst die außergewöhnliche Ergebenheit von Paschalis' an das Allerheiligste Altarsakrament belohnen wollte, und dass er ihn in ein neues Leben hinüber geführt hatte, sodass er noch von der anderen Seite des Grabes heraus den Trost hatte, Ihn und die heilige Eucharistie zu verehren."

Nach all diesen Wundererscheinungen begrub man den Heiligen schließlich. Der Guardian hatte seinen Körper mit ungelöschtem Kalk bedeckt, ein probates Mittel, um die Zersetzung zu beschleunigen. Der ungelöschte Kalk ätzt das Fleisch sauber von den Knochen. Diese erscheinen nach der Prozedur auch schön gebleicht und nicht voller Verfärbungen, eignen sich also besonders gut zu frommen Ausstellungszwecken. Erwartungsvoll grub man den Heiligen deshalb nach acht Monaten wieder aus. Auch dazu gibt es einen Augenzeugenbericht eines Teilnehmers der Exhumierung, des damaligen Ordensprovinzials John Ximenes. Nachdem man die Grabplatte abgehoben hatte, machte Ximenes selbst sich daran, die Kalkschicht, die den Körper vollständig bedeckte, auf Höhe des Gesichtes zu entfernen. Als er bemerkte, dass das Schweißtuch, welches das Gesicht des Heiligen bedeckte, noch intakt war, hielt er den Atem an. Tatsächlich, das Wunder war gewaltig. Unter dem Tuch fand sich das unversehrte Antlitz mit frischen Zügen, als sei er noch am Leben und nicht acht Monate unter Ätzkalk begraben gewesen. Die Umstehenden sanken in die Knie, als sie dieses Wunders ansichtig wurden und bezeugten ihre Verehrung. Nicht nur das Gesicht, auch der ganze Körper war unversehrt und beweglich, als die Anwesenden die Lider des Toten hoben, blickten sie in ungetrübte, lebendig wirkende Augen. Zwei Jahre später fand die zweite Exhumierung statt und ebenfalls fand man den Körper intakt auf, mit Ausnahme der Nasenspitze und einiger kleinerer Stellen der Haut. Und schließlich wurden 19 Jahre nach dem Tod von Paschalis im Zusammenhang mit seiner Beatifikation eine weitere Exhumierung vorgenommen, diesmal in Anwesenheit des Bischofs, eines Notars und von verschiedenen Ärzten. Alle Beteiligten nahmen vor allem einen himmlischen Wohlgeruch war, der von dem Toten ausging, der immer noch unversehrt erhalten war.

Dieses Verströmen von paradiesischem Duft ist ein Phänomen, das häufig im Zusammenhang mit unverweslichen Heiligen geschildert wird. Skeptiker weisen darauf hin, dass dies nur seine Ursache in aromatischen Kräutern oder Essenzen haben kann, mit denen die Körper einbalsamiert wurden. Tatsächlich ist es so, dass dies bei einigen Fällen geschehen ist. Etwa bei der heiligen Margareta von Cortona.

In ihrem Fall hatten die Gläubigen von Cortona selbst darum gebeten, den Körper der Heiligen zu erhalten. Bei Untersuchungen wurden demnach auch Spuren von Myrrhe und Aloe feststellen, neben Resten von Salben, Gewürzen und anderen pflanzlichen Mitteln, die schon immer zur Mumifizierung verwenden wurden und sich daneben verantwortlich zeichnen für den Wohlgeruch, der von den derart behandelten heiligen Toten ausging. Wir müssen jedoch berücksichtigen, dass diese Prozedur gerade deshalb vorgenommen wurde, weil der Leichnam sich bereits längere Zeit erstaunlich gut erhalten hatte – also nicht aus Gründen der Vorspiegelung falscher Tatsachen, sondern um den Zustand zu bewahren und zu dokumentieren. Bei unserem heiligen Paschalis kommt schließlich hinzu, dass er acht Monate unter Löschkalk war. Des Weiteren bestätigten die anwesenden Ärzte, dass der erhaltene Zustand des Körpers unerklärlich sei und nur als Folge eines übernatürlichen Eingriffs gewertet werden könne.

Zurück zu unserem Franziskanerkonvent in Ostra Vetere: Täglich nehmen die Minoritenbrüder die Beichte ab, führen Segnungen durch, sprechen Befreiungsgebete und feiern die Heilige Messe.

Die Kapelle des heiligen Paschalis Baylon findet sich auf der linken Seite des Kirchenschiffs und ist mit auffällig vielen Kinderfotos geschmückt. Auch Votivherzen hängen dort, eines mit einer rosa Schleife. Eindeutig – hier beten viele Ehepaare mit Kinderwunsch. Und ziemlich viele Wünsche hat Paschalis, ob mit oder ohne Unterstützung der männerkräftigenden Zabaione, offensichtlich bereits erfüllt.

Senigallia

Die Rocca Roveresca in Senigallia

Senigallia:
Die Stadt des seligen Papst Pius IX.

Senigallia an der Adria nördlich von Ancona verewigt in seinem ungewöhnlichen Namen die gallischen Senonen – einen keltischen Stamm, der von Frankreich aus nach Italien einwanderte und später von den Römern unterworfen wurde.

Bereits in der Antike betrieb man hier Handel mit den Anrainern der Adria, vor allem mit Griechenland. Bis vor zweihundert Jahren hielt man in Senigallia eine große Seemesse ab: die Fiera della Maddalena mit bis zu 500 Schiffen und 50 000 Händlern. Nach dem Niedergang des Seehandels konnte sich Senigallia ab Ende des 19. Jahrhunderts einen Namen als beliebtes Erholungsbad machen. Heute reihen sich im Sommer die Liegestühle an Senigallias „Samt-Strand", der wegen seines feinen, weißen Puderzuckersandes so genannt wird.

Wohl und Wehe der Stadt kamen schon immer vom Meer, das zeigt auch die Rocca Roveresca, die Festung Senigallias, die zum Strand hinweist. Der Richtung, aus der die schlimmsten Angriffe zu erwarten waren. Schon die Römer haben an dieser Stelle im 3. Jahrhundert vor Christus einen befestigten Turm erbaut. Im 14. Jahrhundert wurde der mittelalterliche Küstenturm ausgebaut und weiter befestigt, zwischen 1476 und 1482 schließlich errichtete Giovanni della Rovere die heute Rocca Roveresca genannte Festung als Mischung aus Befestigungsanlage und Renaissanceresidenz, die Anklänge an den Palast in Urbino aufweist – beide wurden von Luciano Laurana geplant. Während der Zeit, in der Senigallia zum

Kirchenstaat gehörte, diente die Rocca als päpstliches Gefängnis. Sie kann täglich von 8.30 bis 19.30 Uhr besichtigt werden.

Gegenüber der Festung steht der Palazzo Ducale, im 16. Jahrhundert von Guidobaldo della Rovere erbaut. An der Nordseite des Platzes findet sich das Palazzetto Baviera, errichtet Ende des 15. Jahrhunderts. Lässt man das Gebäude links liegen, gelangt man in das neoklassizistische Foro Annonario, in dem sich das frühere Marktgeschehen von Senigallia abspielte. Die eleganten Arkadengänge aus istrischem Marmor, die sich entlang des Flusses Misa ziehen, wurden nach ihrem Erbauer, Kardinal Guiseppe Ercolani, benannt. Noch heute beherbergen die Portici Ercolani kleine Ladengeschäfte und Kaffeebars. Die Namen der einzelnen Abschnitte wie Samos, Smirna, Korfu und Korinth erinnern an die Herkunftsregionen der Händler, die dort zu den Zeiten der großen Seehandelsmessen ihren Sitz hatten.

Wenn man nun zur Rocca Roveresca zurückkehrt und dann linkerhand am Palazetto vorbei in die Stadtmitte spaziert, gelangt man schnell auf die Piazza Roma mit dem Palazzo Municipale, dem Rathaus mit der typischen Fassade aus Mattone-Steinen und Travertin und seinem pittoresken Uhrenturm. Die Figur des Neptunbrunnens davor soll noch aus römischer Zeit stammen.

Palazzo Mastai Ferretti – Geburtshaus des seligen Papst Pius IX.

In der Straße hinter dem Rathaus – einfach durch die Bogengänge hindurch gehen – und gut ausgeschildert, findet sich das Palazzo. Hier wurde am 13. Mai 1792 der berühmteste Sohn der Stadt geboren: Graf Giovanni Maria Mastai Ferretti, der spätere Papst Pius IX. Heute befindet sich darin ein Museum mit Gemälden des senigallischen Malers Giovanni Anastasi und vielen persönlichen Gegenständen Pius IX. Auch wer mit Pius IX. wenig anfangen kann, sollte das Haus besuchen, denn es bewahrt authentisch das Lebensumfeld und die Einrichtungsgegenstände einer noblen italienischen Familie.

32 Jahre lang hat Pius IX. die katholische Kirche geführt und ist damit der Papst, der bisher am längsten amtierte. 1854 verkündete er das bedeutende Dogma über die Unbefleckte Empfängnis Mariens. 1869 berief er das geschichtsträchtige und umstrittene Erste Vatikanische Konzil ein, das ein weiteres Dogma verkündete: Jeder Papst ist seither unfehlbar, wenn er in Fragen des Lehramtes und des Glaubens ex cathedra spricht. Die Aufregung, die innerkirchlich darüber entstand, ist heute kaum noch zu verstehen. Der Umgang mit dem umstrittenen Unfehlbarkeits-Dogma durch die nachfolgenden Päpste konnte nicht umsichtiger und zurückhaltender sein. Letztlich formulierten die beiden durch Piux IX. verkündeten Dogmen nur Glaubensgut, das die Kirche schon seit je her geglaubt hat.

Leider wurde das Palazzo während eines Erdbebens 1930 beschädigt, sodass nur noch eine der herrlich gearbeiteten Stuckdecken erhalten ist. Auch die Familienkapelle wurde fast vollkommen zerstört, glücklicherweise aber wieder aufgebaut und besitzt als Altarbild eine wunderschöne Madonna von Giovanni Battista Salvi, genannt Sassoferrato.

Senigallia ehrt das Andenken dieses Papstes, der großzügige Amnestien gewährte, sich für die Pressefreiheit einsetzte und den Osservatore Romano gründete. Er spendete für die Armen und Behinderten der Stadt, genehmigte eine wichtige Eisenbahnlinie zwischen Bologna und Ancona via Senigallia, er gründete ein Gymnasium und ein Altersheim und verbesserte die pastorale Versorgung seiner Geburtsstadt.

Die Kommune Senigallia hat ihm in Zusammenarbeit mit der Diözese einen eigenen Rundgang gewidmet: „I luoghi di Pio IX." – Die Stätten Pius IX. Neben dem Museum im Geburtshaus zählen dazu auch Kirchen, die sich entweder im Familienbesitz der Mastai Ferretti befanden oder die Pius IX. stiftete.

Durch die Bogengänge des Rathauses geht es zurück auf die Piazza Roma. Nach einem Aperitivo in der Kaffeebar am Platz, die auch eine große Auswahl von Torten und Eis bietet, schließt sich vielleicht ein Mittagessen und ein Strandspaziergang an.

Senigallia bietet nicht nur Meer und Kultur, sondern auch einige empfehlenswerte Trattorien, in denen man sehr gute Fischgerichte genießen kann. Als primo, als ersten Gang, wählt man vielleicht ein Pastagericht mit Muscheln oder Meeresfrüchten, als Hauptgang eine gemischte Fischplatte vom Grill oder ein Seeteufel aus dem Ofen mit gerösteten Kartoffeln und Oliven. Dazu passt am besten ein Glas Weißwein, der hier meistens ein Verdicchio aus dem Umland ist. Es muss übrigens nicht immer eine teure Flasche Wein sein, man kann in fast jedem Lokal den offen ausgeschenkten vino della casa empfehlen. Direkt am Meer Fisch zu essen ist zwar romantischer, schlägt sich dann aber auf den Preis, der zu der gebotenen Leistung nicht immer in Verhältnis steht. Mit einer Ausnahme: Liebhaber der gehobenen Feinschmeckerküche besuchen in Senigallia vor allem das Uliassi zwischen Hafen und Strand mit einem wunderschönen Blick auf das Meer und einer exquisiten Auswahl von feinen Speisen, Schwerpunkt selbstverständlich Fisch und Meeresfrüchte.

Ancona

Der Blick vom Hafen auf den Dom von Ancona

Ancona: Hauptstadt der Marken

Von Senigallia aus geht es in Richtung Monte Conero weiter nach Süden zur Hauptstadt der Marken – Ancona. Das direkte Umland ist typisch für eine moderne Hafenstadt. Die Kriegsschäden in Ancona waren enorm. Hinzu kam im Jahre 1972 ein verheerendes Erdbeben. Doch Ancona hat immer noch eine sehenswerte Altstadt mit eleganten Geschäften und schicken Kaffeebars.

Schon einige Jahrhunderte vor Christus wussten die hier siedelnden Stämme Anconas besondere Lage als Naturhafen, der sich in den nördlichen Bogen des Monte Conero hineinschmiegt, zu nutzen. Hier gab es bereits im 4. Jahrhundert eine griechische Kolonie, vorwiegend Flüchtlinge vor der Herrschaft des Dionysius. Zweihundert Jahre später folgten die Römer und begründeten die reiche Acker- und Weinbaukultur in der Gegend. Sie waren es auch, die Anconas Hafen zu einem bedeutenden Kriegshafen ausbauten, der in den folgenden Jahrhunderten immer wieder erobert und zerstört wurde. Vor den Verheerungen des letzten Krieges und dem Erdbeben der Siebzigerjahre zeigten sich viele namhafte Reisende entzückt von der blühenden und bunten Metropole. Etwa Montaigne, der folgendes aus Ancona zu berichten hat:

> *„Ancona ist stark bevölkert vor allem mit Griechen, Türken, Slavoniern, treibt Handel, ist gut gebaut und liegt vorteilhaft an zwei Hügeln."*

Hingerissen schrieb Friedrich Johann Lorenz Meyer, Präsident des Hamburger Domkapitels und Reiseschriftsteller, im Jahre 1792:

> *„Die Aussicht von dem steilen, mit dem Fuß im Meer wurzelnden Felsen Garbetta vor der Stadt, über diese ganze Gegend und das Meer ist groß und begrenzt. Der Felsen Garbetta ist der Fleck der Erde, wo ich die feierlichsten Augenblicke meines Lebens genoss und sein Andenken das höchste Fest meiner Phantasie."*

Am Besten beginnt man mit einem Rundgang ganz oben, am Duomo, der gut ausgeschildert ist. Dort kann man auch parken. Von 12 bis 15 Uhr ist er, wie fast jede italienische Kirche, geschlossen.

San Ciriaco, der Dom von Ancona und sein wundertätiges Madonnenbild

Unter Kunsthistorikern zählt der Dom von Ancona, der dem heiligen Cyriakus geweiht ist, zu den interessantesten Kirchen Italiens. Es grenzt an ein Wunder, dass er die Verheerungen und Verwüstungen, die Natur und Mensch in Ancona über die Jahrhunderte angerichtet haben, weitgehend überstanden hat. Freilich musste er nach den beiden Weltkriegen und zuletzt nach dem großen Erdbeben restauriert werden.

Wir befinden uns fast am höchsten Punkt der Stadt, dem Colle Guasco. Hier steht nicht nur der Dom, hier befand sich auch das Zentrum des antiken Ancona. Vom Colle Guasco aus bietet sich eine atemberaubende Aussicht über die Adriaküste nach Norden hinauf.

Der Grundriss des Doms formt ein Kreuz mit einer zentralen Kuppel, Apsiden, die von einem doppelten Arkadenfries gekrönt sind, schließen die Seitenarme ab. Zwei steinerne Löwen flankieren das überdachte Portal, das aus der zweiten Hälfte des 13. Jahrhunderts stammt und aus dem weißen Stein des nahen Monte Conero gearbeitet ist.

Der Dom wurde auf den Ruinen einer frühchristlichen Kirche, diese wiederum auf den Resten eines griechischen Tempels errichtet. Sarazenen plünderten und zerstörten die Vorläuferkirche im 9. Jahrhundert. Das innere des Doms ist heute dreischiffig und wird von romanischen Säulen mit byzantinischen Kapitellen gegliedert. Bemalte Holzkassettendecken verleihen dem Kirchenraum ein warmes und freundliches Flair.

Rechts im Querschiff findet man die Kapelle des Gekreuzigten mit einem hölzernen Kruzifix aus dem 16. Jahrhundert. An der Seitenwand unterhalb hat man romanische Wandmalereien freigelegt, die auf das Jahr 1189 datiert werden; auf ihnen sind König David und die Jungfrau Maria zu sehen. Hinter dem Hauptaltar aus Buntmarmor hängt eine Auferstehung Christi des Bologneser Künstlers Ercole Fava aus dem 18. Jahrhundert. Rechts davon liegt die Kapelle des San Lorenzo, dem die frühchristliche Kirche geweiht war, links davon die Kapelle des Allerheiligsten Sakramentes, die während eines Bombardements im Ersten Weltkrieg schwer beschädigt wurde und heute dem Andenken an die Gefallenen und Kriegsopfer dient. Bevor wir zum linken Querschiff gehen, betrachten wir noch das exquisite goldumrahmte Tafelbild, das aus dem Jahre 1510 stammt und die Madonna auf dem Thron mit dem Jesuskind zwischen dem heiligen Cyriakus und dem heiligen Primianus darstellt.

Maria Königin aller Heiligen – das wundertätige Bildnis und seine Verehrung

Das Madonnenbildnis in der linken Seitenkapelle, das von einem prachtvollen Marmoraufbau von Luigi Vanvitelli umrahmt ist, wird von den Anconetanern sehr verehrt. Es zeigt ein Porträt Mariens mit rotem Gewand, dunkelblauem Schleier und einer goldenenKrone.

Die Geschichte der „Maria Königin aller Heiligen" beginnt im Jahre 1615. Ein Seefahrer aus Venedig ließ es zum Dank für die Errettung seines Sohnes aus einem schweren Sturm anfertigen. Der Überlieferung zufolge beteten am Abend des 25. Juni 1796 zahlreiche Gläubige die lauretanische Litanei vor diesem Bild, als Maria plötzlich die Augen aufschlug und lächelte. Das Wunder soll sich in den folgenden Tagen fortgesetzt haben. Viele glaubten, dass dieses Wunder ein Zeichen des Himmels für göttlichen Schutz gegenüber dem jakobinischen Terror sei, der sich in Italien nach dem Siege Napoleons ausbreitete. Tatsächlich konfiszierten es die Franzosen nicht, als Napoleon am 11. Januar 1797 in Ancona eintraf, und die Kunstschätze des Domes blieben verschont.

Aufgrund der vielen Zeugenaussagen bestätigte der Heilige Stuhl das Wunder. Am 13. Mai 1814 krönte Papst Pius VII. die Madonna mit der heute noch sichtbaren Krone.

Unbekannte Diebe haben das Bildnis im Jahre 1936 aus dem Dom gestohlen. Nur einen Monat später wurde es im Latium wieder aufgefunden, eingewickelt in die Seiten einer kommunistischen Zeitung, und zur großen Freude der Anconetaner feierlich wieder heimgeholt.

In der Krypta liegen die Überreste der Schutzpatrone Anconas, des Marcellinus, Liberius und Cyriakus, der in den letzten Jahren aus seinem Glassarg in einen Marmorschrein umgezogen. Damit die Gläubigen nicht auf seinen gewohnten Anblick verzichten müssen, hat man – ganz praktisch – ein Farbfoto von Cyriakus im alten gläsernen Schrein aufgestellt. Der heilige Cyriakus erlitt im Jahre 363 in Jerusalem das Martyrium, und zwar auf eine besonders perfide Art und Weise: Er wurde dazu verurteilt, geschmolzenes Blei zu trinken. Nach der Überlieferung soll er derjenige sein, der das Heilige Kreuz für Helena, der Mutter Kaiser Konstantins, wieder aufgefunden hat.

Links neben dem Dom findet sich noch das Diözesanmuseum mit antiken und frühchristlichen Steinmetzarbeiten sowie einigen flämischen Tapisserien nach Bildmotiven von Rubens.

Ein Rundgang durch Altstadt und Hafen ...

Vom Domplatz aus führt die Via di Guasco nach circa 200 Metern zu den Überresten eines Amphitheaters aus römischer Zeit, die derzeit noch ausgegraben werden und deshalb nicht direkt begehbar sind. Obwohl bekannt war, dass die Gegend um den Colle Guasco den antiken Besiedlungskern ausmachte, war das Amphitheater ein reiner Zufallsfund – die Überreste kamen in Folge eines Erdbebens zum Vorschein.

Wenn man sich entlang der Via Giuseppe Birarelli rechts hält, gelangt man auf die Piazza San Francesco mit seiner Kirche aus dem 13. Jahrhundert. Man folgt der Via Ciriaco Pizzecolli abwärts, die zur Pinakothek führt, die im Palazzo Bosdari untergebracht ist, und Kunstwerke aus der Region ab etwa 1400 ausstellt. Hervorheben muss man in der Fülle der bedeutendsten Werke ihrer Zeit die Madonna mit dem Kind von Carlo Crivelli, der „Pala Gozzi" von Tiziano und die „Jungfrau und die Heiligen" von Lorenzo Lotto.

Enea Silvio Piccolomini –
ein poetus laureatus als Papst

Folgt man der Via Pizzecolli weiter, gelangt man auf den Platz des Papstes, der seinen Namen daher hat, weil an seinem Ende eine überlebensgroße Statue von Papst Clemens XII. steht, der den Hafen ausbauen und das sogenannte Lazarett erbauen ließ. Papst Clemens XII. ist nicht der einzige Papst, dessen Name mit Ancona verbunden ist. Tatsächlich starb hier im Jahre 1464 Papst Pius II., besser bekannt unter seinem bürgerlichen Namen Enea Silvio Piccolomini.

Piccolomini, als Verehrer Boccacios bekannt, war selbst ein Poet und Briefeschreiber und ein großer Gelehrter zur Dichtkunst der Antike, über die er in Wien an der Universität auch Vorlesungen hielt. König Friedrich, der später Kaiser des Heiligen Römischen Reiches werden sollte, verlieh ihm den Ehrentitel eines poetus laureatus. Doch er war nicht nur ein begabter und beliebter Dichter, er verfügte auch über ein profundes Wissen seiner Zeit. In seinen beiden enzyklopädischen Hauptwerken „Europa" und „Asien" unternahm er es, sowohl Geografie als auch Geschichte, Wirtschaft und Gesellschaft, Brauchtum und Eigenheiten der darin aufgeführten Völker zu beschreiben.

Nach der Eroberung Konstantinopels durch die Türken im Jahre 1453 trieb ihn vor allem der Gedanke um, dass das Abendland, also Europa, sich durch den Aufbau einer schlagkräftigen einheitlichen Armee gegen die türkische Bedrohung zur Wehr setzen müsse. Nach dem Konklave von 1458 setzte er sich auch als Papst insbesondere für eine neuen Kreuzzug gegen die Türken ein. Obwohl Fieber und Gicht ihn schwächten, eilte er deshalb im Juni 1464 nach Ancona, um auf die See- und Heerfahrer zu warten, die sich dort gegen die Türken sammeln sollten, um sie zu segnen. Leider erwiesen sich die dort eintreffenden Venezianer, Spanier und Franzosen als haltlos zerstritten, sie führten untereinander Raufhändel und terrorisierten die Bevölkerung. Pius II. musste letztlich zwei Kardinäle damit beauftragen, die Soldaten wieder zur Räson zu bringen.

Am 15. August starb er in Ancona, vielleicht hatte die Enttäuschung, die er erlitt, seinen Tod beschleunigt. Pius II. liegt in der römischen Kirche Sant' Andrea della Valle begraben, seine Eingeweide sollen im Chor von San Ciriaco beigesetzt worden sein. Auf einem berühmten Gemälde von Pintoricchio findet man die Segnungsszene idealisiert dargestellt. Sehr schön sind im Hintergrund der Dom auf dem Hügel und der Trajanbogen unten am Hafen zu erkennen.

Moderner Hafenbetrieb und historische Denkmäler – das Hafengelände

Weiter hinab geht es durch die Via degli Aranci, an ihrem Ende wendet man sich nach rechts und kommt zu einer weiteren hochbedeutsamen Kirche, die Santa Maria delle Piazza an der Piazza Santa Maria gegenüber der Molo Santa Maria, der nach ihr benannten Mole im Hafen.

Es ist die Fassade aus weißem Marmor, vielmehr ihre Gestaltung, die sie so fremdartig erscheinen lässt, als käme sie aus einer anderen Welt. Die ganze Anlage mutet orientalisch an, denkbar sind byzantinische Einflüsse. Die romanischen Portalfiguren sind von einer schier überwältigenden Fülle, sie stellen – fein im Detail – Jäger, Krieger, Soldaten, wilde Tiere und Fabelwesen dar. Über dem Portal erheben sich vier Reihen von Pilastern, die ebenfalls mit Fantasiegestalten und ineinander verschlungenen Bandornamenten durchzogen sind. Das Kircheninnere ist karg. Bemerkenswert sind aber die Mosaikfragmente aus dem 6. Jahrhundert mit floralen Motiven und Bandornamenten.

Ancona

Den erstaunlichen Hafen Anconas betritt man am besten durch die Porta Pia und geht dann in Richtung Nordosten, also auf den ihn überragenden Domhügel zu. Neben gigantischen Fährschiffen, die nach Griechenland oder Kroatien übersetzen, Containern, Lastkränen wie riesige Tiere aus Stahl und der üblichen Industrieromantik findet man hier auch die Kirche San Agostino aus dem 15. Jahrhundert. Weiter hinten, hinter dem Gebäude der Hafenverwaltung den Trajansbogen aus dem Jahre 115, der sich heute so fremdartig und imposant wie ein „Stargate" auf dem Gelände erhebt. An dieser Stelle befand sich der antike römische Hafen. Ein Stück weiter steht der Arco Clementino, zu Ehren Papst Clemens XII. erbaut. Reste der alten Stadtmauer aus Mattonesteinen sind ebenfalls noch sichtbar.

Einige Büdchen und Bars auf dem Hafengelände bieten frische Fischgerichte an, vor allem die berühmte Brodetto all'anconetana sollte probiert werden, eine typisch adriatische Fischsuppe mit bis zu 13 verschiedenen Fischsorten und Meeresfrüchten. Ursprünglich bildete eine solche „brodetto" die Speise der Fischer auf den Booten, während sie zum Fischfang auf See waren.

Ein Bummel durch Anconas Altstadtgassen mit seinen schicken Geschäften und modernen Kaffeebars rundet den Besuch in der größten Stadt der Marken schließlich ab.

Portonovo und Monte Conero: Kreidefelsen, piniengrüne Wälder und karibisch-blaues Meer

Wem nach so viel Großstadt der Sinn nach Natur steht, der fährt weiter Richtung Monte Conero. Seinen teils nackten, weißen, teils pinienbewachsenen Kreidehängen liegt der winzige, aber äußerst beliebte Badeort Portonovo mit der einzigartigen ehemaligen Benediktinerkirche Santa Maria di Portonovo zu Füßen. Ein Dokument aus dem Jahre 1034 bezeugt die Übergabe des Grundstückes an die Benediktinermönche, die sich sogleich an die Errichtung des frühromanischen Baus machten, unterstützt von frommen Stiftern und Wohltätern. Ebenso wie beim Dom in Ancona müssen hier byzantinische Einflüsse im Spiel gewesen sein, obwohl die Ausführung des Kirchenbaus recht eigenwillig geraten ist. Die Mönche hatten hier ihre Wohnstatt und besaßen sogar ihre eigene Handelsflotte, deshalb bleibt es auch ein Rätsel, warum sie Kirche und Kloster im Jahre 1320 urplötzlich aufgegeben haben. Ob es die Erdbeben waren, die immer wieder die Bucht erschütternden Felsstürze oder die ständige Bedrohung durch Piraten, das wissen wir heute nicht mehr.

Im 19. Jahrhundert diente die Kirche immer wieder als Notunterkunft für Soldaten, im Jahre 1934 wurde sie jedoch wieder neu geweiht. Wer das Glück hat, den Kustos anzutreffen, der in der Nähe der Kirche wohnt, erhält den Schlüssel für eine Besichtigung. Im Juli und August ist das Gelände jedoch von Badegästen überfüllt. Um die ganze Magie und den Zauber Portonovos und dieser Kirche in sich aufzunehmen, empfiehlt sich ein Besuch im Frühjahr oder Herbst. Santa Maria di Portonovo ist nicht der einzige historische Bau in dieser spektakulären Bucht, deren Kreidefelshänge an ein südliches Kap Arkona erinnert; aus dem Jahr 1808 stammt das kleine napoleonische Fort, das angreifende englische Schiffe abwehren sollte.

Weiter geht es auf der Straße um den Monte Conero mit ihren herrlichen Ausblicken. Nach etwa acht Kilometern folgt man der Beschilderung, die in steilen Serpentinen zum höchsten Punkt führt, den man mit dem Auto erreichen kann. Das Panorama geht Hunderte von Kilometern weit über die italienische Küstenlinie mit Recanati, Grottamare und Benedetto del Tronto und übers Land bis hinein in die Sibillinischen Berge. An diesem ganz besonderen Ort, an dem wilder Wacholder, immergrüne Steineichen, die unvermeidlichen Pinien und wilde Alpenveilchen wachsen, steht die Badia di San Pietro auf 550 Metern Höhe direkt über dem Meer.

Im größten Teil des ehemaligen Kamaldulenser-Konventes ist ein Hotel mit Restaurantbetrieb untergebracht. Die romanische Kirche aus dem 13. Jahrhundert mit ihrer im 18. Jahrhundert zugefügten Fassade blieb erhalten. Sie besticht durch ihre karge Strenge und wird heute besonders gerne für Hochzeiten genutzt. Insbesondere die Säulenkapitelle im dreischiffigen Innenraum sind beachtenswert. Linker Hand am Konvent vorbei führt ein nicht allzu langer, bewaldeter Pfad zu einem weiteren Aussichtspunkt hinaus und hinüber auf das offene Meer.

Wer noch nicht müde ist fährt weiter hinunter zu den ersten beiden Städtchen südlich des Monte Conero, Numana und Sirolo, die praktisch in einen einzigen Ort zusammengeflossen sind, und erkundet dort den kleinen Yachthafen.

Genga

Die Felsenkirche von Genga

Genga: Ein unbeliebter Papst und die Grotte di Frasassi

Zwischen Ancona in den Marken und Perugia in Umbrien liegt das winzige mittelalterliche Kastell Genga. Eingebettet in die bewaldeten Höhen der Appeninvorläufer mutet es wie eine Speerspitze in den Karsthügeln vor einer grandiosen Schlucht mit teils senkrecht abfallenden Felswänden an. Der kleine Fluss Sentino hat sich im Laufe von Millionen Jahren in den Kalkstein gegraben; die Gegend um Genga ist schon seit der Altsteinzeit besiedelt. Vom frühen Mittelalter bis ins 18. Jahrhundert hinein herrschte hier das bedeutende Geschlecht derer von Genga. Ihm entstammten Krieger und Kämpfer, Maler und Dichter, Kardinäle und sogar ein Papst: Annibale della Genga ging als Leo XII. in die Geschichte ein. Danach geriet die Region zusehends in Vergessenheit. Als man jedoch im Jahre 1971 durch einen Zufall die berühmte Grotte di Frasassi entdeckte, Europas größte und vermutlich schönste Tropfsteinhöhle, lebte das Interesse für das Gebiet um Genga bei Wissenschaftlern, Höhlenforschern und vor allem Touristen wieder auf.

Vom Castello Genga aus fährt man entlang des glasklaren Sentino zwischen nackten Felswänden Richtung Tropfsteinhöhle. In der Nähe des großen Parkplatzes mit dem Eintrittskartenverkauf liegt die sorgsam restaurierte Abbazia San Vittore delle Chiuse, einer der bedeutendsten romanischen Kirchenbauten in Mittelitalien. Vermutlich um das Jahr 1000 von Langobarden erbaut, findet es sich von schroffen Kalksteinfelsen eingeschlossen in ursprünglich abgeschiedener Lage, daher der Name da clusa oder da clusis. Diese Harmonie von ungezähmter Natur und spiritueller Architektur erreicht selbst das nahe gelegenen Kloster Fonte Avellana nicht wieder. Durch den in das Ensemble eingefügten Befestigungsturm und die römische Brücke über den Sentino erweckt die Abtei einen Eindruck von Wehrhaftigkeit, der viereckige Tambour im armenischen Stil mit Doppelarkaden fügt ein luftiges und nach oben gewandtes Element hinzu. 400 Jahre lang beteten und arbeiteten hier Benediktinermönche, bis die Abtei Anfang des 15. Jahrhunderts ihre Bedeutung verlor und von Papst Innozenz VII. aufgehoben wurde. Danach verkam das einzigartige Gebäude zu einem Bauernhof und wurde erst in jüngster Zeit wieder aufgebaut. Durch die Nähe zur Tropfsteinhöhle ist die Abbazia mittlerweile ein beliebtes Ausflugsziel geworden.

Die Grotte von Frasassi ist nicht nur eine Grotte, sondern ein regelrechtes System von Höhlen, Gängen und Kaminen, von dem nur ein kleiner, aber sehr eindrücklicher Teil für Touristen begehbar ist. Ein 200 Meter langer künstlicher Tunnel führt Besucher in die unterirdische Feenwelt. Am Beginn des Rundganges steht der riesige „Saal des Windes", in dem man spielend den Mailänder Dom unterbringen könnte. Dabei spielen die eigenen Sinne einen Streich – eine Gruppe von Stalagmiten, die an der gegenüberliegenden Wand so nah und klein erscheinen, sind in Wirklichkeit fast Hundert Meter entfernt und riesengroß. Vorüber geht man an dem „toten Baum", dessen Spitze verzweigt wie eine Baumkrone ist, weil das fallende Wasser zu einem bestimmten Zeitpunkt seine Richtung geändert hat. In einem blau schimmernden See schwimmen Inselchen aus Kalzitkristallen, winzig kleine Gipskristalle in rauen Massen erwecken den Eindruck von Schnee, ein Stück weiter stürzt ein märchenhafter Wasserfall aus Kristall herab. Die Begeisterung der Höhlenentdecker schlug sich in so poetisch-suggestiven Bezeichnungen wie Smaragd-See, Saal der Unendlichkeit oder Kerzensaal nieder – darin, so hat es den Anschein, muss eine Horde verspielter Unterweltgeister Schwimmkerzen auf einem Kalksee ausgesetzt haben; so lebendig sieht diese Formation aus, und doch ist alles zu zauberisch glänzendem Stein erstarrt.

Nach diesem Ausflug in die Unterwelt geht es hoch hinauf zur Madonna von Frasassi. Eineinhalb Kilometer weiter nördlich findet sich der Aufgang zur Wallfahrtskirche. Der Aufstieg über den Wildwassern des Sentino ist zwar bequem gepflastert, doch steil. Nach der letzten Biegung öffnet sich überraschend eine breite, über 400 Meter lange Höhle im Fels, die zwei bezaubernde Kirchlein birgt. In der älteren Kapelle, direkt an eine Felswand angebaut und aus den typischen Mattone-Ziegelsteinen der Gegend errichtet, verehrten die Gläubigen seit jeher ein hölzernes Gnadenbild der Santa Maria infra Saxa – die Santa Maria zwischen den Felsen. Der Künstler ist unbekannt, das Bildnis eher laienhaft ausgeführt, die Epoche, aus der es stammte ließ sich niemals einwandfrei feststellen. Als im Jahre 1947 durch eine unachtsam entzündete Kerze das Bild verbrannte, ersetzte man es durch eines aus weißem Stein. Die Wallfahrt zu dem 1029 erbauten Kirchlein ist schon seit Jahrhunderten ungebrochene Tradition. Ursprünglich lebten Einsiedlerinnen im Schutz der hochgelegenen Höhle, die schon vor 4 000 Jahren von Menschen besiedelt wurde, wie Knochen- und Geschirrfunde belegen.

Seit dem Pontifikat Leo XII. steht in Nachbarschaft zum Mattone-Kirchlein eine oktagonale Marien-Kapelle des römischen Architekten Giuseppe Valadier, der auch die Piazza del Popolo in der Hauptstadt umgestaltet hat. Ihre Errichtung soll Leos Dank und Verehrung ausdrücken.

Annibale della Genga war zwar nicht der erste Kardinal, den das Geschlecht derer zu Genga hervorbrachte, aber der erste, der zum Papst gewählt wurde. Eigentlich hatte er sich nach einer langjährigen Tätigkeit als apostolischer Nuntius in seiner Abtei in Monticelli zur Ruhe setzen wollen. Dort hatte er die Grabstätten für sich und seine

Mutter bauen lassen und die umwohnenden Bauern in Orgelspiel und gregorianischem Gesang unterrichtet. Doch Pius VII. kreierte ihn zum Kardinal. Drei Jahre später wählte das Konklave Annibale della Genga am Morgen des 28. Septembers 1823 zum neuen Papst. „Ihr wählt einen toten Mann!", soll er den Kardinal-Elektoren gesagt haben. Tatsächlich sollte er auch nur sechs Jahre lang regieren. Dabei gelang es ihm trotz seiner Hinfälligkeit, 1825 das einzige heilige Jahr des 19. Jahrhunderts abzuhalten – obwohl ihm seine Mitarbeiter zunächst dringend davon abgeraten hatten. Leo XII. liebte seine heimat und ließ Straßen bauen, er plante sogar die Neuerrichtung einer Abtei. Sicher hat er die Wallfahrt zur Madonna infra Saxa selbst gemacht. Besonders vehement widmete er sich dem Kampf gegen die Freimaurerei und gegen Geheimgesellschaften, wie den italienischen „carbonari", und dem Widerstand gegen Indifferentismus und Protestantismus. Gegen die carbonari ging die Kirche sogar mit polizeilichen Maßnahmen vor, warf man ihnen doch über zwei Dutzend politische Morde und Terrorakte vor. Die carbonari antworteten mit weiteren Attentaten, als Revanche ließ der Kardinal von Ravenna öffentliche Hinrichtungen durchführen. Mit der Einführung einer Amnestie gelang es endlich, einige Tausend carbonari zur Umkehr zu bewegen.

Leo XII. war ein Förderer der Künste, ein Mäzen, aber kein begabter Politiker. Er baute die vatikanische Druckerei wieder auf, stockte die Bücherbestände der vatikanischen Bibliotheken auf und restaurierte St. Paul vor den Mauern. Doch Leo XII. war so unpopulär, wie man bei den Bewohnern des Kirchenstaates nur sein konnte. Besonders krumm nahm ihm sein Volk, dass es ihm einfiel, ausgerechnet während des Karnevals, am 10. Februar 1829, zu sterben, wie eine verdrossene Inschrift an der Pasquinosäule vermerkte: „Drei Despektierlichkeiten hast du uns angetan, Heiliger Vater: das Papstamt anzunehmen, so lange zu leben, und mit deinem Tod im Karneval uns die Feste zu verderben."

Genga

Wer dem Spielverderber wider Willen dennoch zünftig gedenken will, fährt wieder zurück nach Genga und isst in der historischen Locanda del Papa, deren Rückwand, ähnlich wie die Kapelle der Madonna infra Saxa, aus imposantem Felsgestein besteht, zu Mittag oder zu Abend und genießt danach noch die dolci della casa mit einem schönen Glas Vino di Visciole.

Jesi

Die Piazza Federico II. in Jesi

Jesi: die Stadt des Staufers am Flüsschen Esino

Weinkennern ist die uralte Stadt am Esino durch den in der Region angebauten köstlichen Verdicchio dei Castelli di Jesi bekannt, ein frischer, grünlich schimmernder Weißwein, der hervorragend mit Fischgerichten der lokalen Küche harmoniert. Schon die Etrusker kannten diesen nach Pfirsich und Rose duftenden Wein, den man damals in Amphoren transportierte. Daran soll die Form der grünen Glasflasche erinnern, in denen er häufig heute noch zum Verkauf angeboten wird.

Ursprünglich besiedelten die Umbrer Jesi, später die Etrusker und die senonischen Gallier, schließlich seit 247 vor Christus auch die Römer, die der Stadt den Namen Aesis gaben, der sich an den Flussnamen Esino anlehnt.

Auf römische Fundamente geht auch die sehr gut erhaltene Stadtmauer aus dem 14. Jahrhundert zurück, die noch heute die leicht erhöht gelegene Altstadt umschließt. Man betritt sie durch die Porta Garibaldi mit ihrem Pechnasengesims und erreicht im Aufsteigen die Piazza Federico II.

Das Staunen der Welt – Friedrich II. und seine Geburt auf dem Marktplatz

Hier auf dem Marktplatz wurde der berühmteste Sohn der Stadt geboren: Im Jahre 1194 überraschten Konstanze von Hautville, Gemahlin Kaisers Heinrichs VI. von Hohenstaufen, auf der Durchreise nach Sizilien die Wehen. Konstanze aber war für damalige Verhältnisse bereits eine alte Frau, nämlich über Vierzig. Um sämtlichen Gerüchten zuvorzukommen, ließ Heinrich IV. auf dem Marktplatz von Jesi Zelte aufschlagen, damit es Zeugen aus dem Klerus und der vornehmen Ehefrauen der Stadt für diese Geburt gebe. Doch alle Umsicht half nicht, schon bald verbreiteten die Feinde der Staufer, dass es sich bei Friedrich II. nicht um den legitimen Sohn Heinrichs IV. handle, sondern um den Bastard eines Metzgers aus den Marken.

In Jesi hat man das Gelände, auf dem die Zelte gestanden haben sollen, mit einem steinernen Band markiert, einen Stauferbrunnen mit Obelisk aufgestellt und eine Gedenktafel angebracht. Der Platz atmet eine eigene Atmosphäre – Friedrich II. zählt zu den beeindruckendsten und kulturell prägenden Männern des europäischen Abendlands. An seinem Hofe pflegte man die Gesangs- und Dichtkunst, Friedrich II. schrieb selbst lyrische Werke. Er interessierte sich für Philosophie und Naturwissenschaften und verfasste sein Buch über die Falkenjagd, das noch heute das maßgebliche Werk zu diesem Thema darstellt.

Friedrich II., der seit seinem erfolgreichen Kreuzzug 1229 auch den Titel eines Königs von Jerusalem führte und fließend Arabisch sprach, diskutierte mit islamischen Gelehrten über Philosophie, Kunst und Religion. Seine Auseinandersetzungen mit dem Papsttum endeten regelmäßig mit der Exkommunikation. Andererseits hat ausgerechnet er scharfe Gesetze gegen Ketzer erlassen. Die Kastelle in Apulien und Sizilien, die unter seiner Ägide errichtet wurden, bilden heute noch ästhetische, kunsthistorisch bedeutsame Meilensteine in der militärischen Baukunst. Als er im Dezember 1250 starb, war die Welt ärmer geworden – mit ihm ging auch die Herrschaft des Staufergeschlechts zu Ende. „Stupor mundi" nannten ihn seine Zeitgenossen und diejenigen, die nach ihm kamen: Das Staunen der Welt.

Auf dem Platz in Jesi, auf dem er geboren wurde, lässt sich im Cafe Federico II, das den Herrscher und einen Falken in seinem Werbeschild führt, behaglich ein ganzer Vormittag verbringen, am Besten über der Lektüre von Waldtraut Lewins Roman „Federico".

Der Dom von Jesi mit den Reliquien des heiligen Settimoio und dem heiligen Arm von San Romualdo

Ebenfalls auf dem Platz finden sich noch der ehemalige Konvent San Floriano, einige wunderschöne Palazzi und der Dom von Jesi aus dem 13. Jahrhundert mit seiner neoklassizistischen Fassade aus roten Mattonesteinen. Sein Wahrzeichen sind die beiden ruhenden Löwen aus rotem veronesischen Marmor, die runde Weihwasserbecken tragen. Sie stammen aus dem 8. Jahrhundert und haben bereits die erste Kirche Jesis, allerdings damals noch an ihrem Außeneingang, bewacht. Die Weihwasserbecken, die man erst 1939 auf ihrem Rücken angebracht hat, wurden bei Ausgrabungen in den Seitenschiffen aufgefunden.

Geweiht wurde der Dom auf den ersten Bischof von Jesi, einen Märtyrer, den heiligen Settimio. Seine Gebeine werden in einem Schrein aus Silber und Glas in der San Lorenzo-Seitenkapelle aufbewahrt, zusammen mit einem kleinen Schrein für den heiligen Florian. Vom heiligen Settimio sagt man, er sei gebürtig aus Deutschland gewesen, habe sich mit dem Studium der freien Künste und des Waffenhandwerks beschäftigt, sich zum Christentum bekehrt und sei zusammen mit ein paar Freunden nach Italien ausgewandert. Er wirkte zunächst in Mailand, dann in Rom, vollbrachte Wundertaten, bekehrte trotz der tobenden Christenverfolgung unter Diokletian viele Römer zum Evangelium und wurde von Papst Marcello (308-309) zum Bischof von Jesi geweiht. Auch in Jesi fuhr er damit fort, die Menschen für das Christentum zu gewinnen und Wunder zu tun. Dies erregte das Missfallen des Richters Florentinus, der ihn aufforderte, innerhalb von fünf Tagen den römischen Göttern zu opfern. Settimio verweigerte den Götzendienst und wurde enthauptet.

Beachtenswert ist insbesondere das Altarbild in der San Lorenzo-Kapelle, das Gaetano Lapis (1704-1776), genannt Caravaggetto, gestaltete und das das Martyrium des heiligen Laurentius beschreibt. Lapis arbeitete hauptsächlich in Rom, aber auch in den Marken, denn er war gebürtig aus Cagli – in der dortigen Kathedrale findet man auch Werke von ihm und seinem Lehrer Sebastian Conca.

Direkt rechts am Eingang liegt die Kapelle des heiligen Franz mit einem Taufbecken, das zu den ältesten und kostbarsten Gegenständen in der Kathedrale gehört. Das achteckige Taufbecken aus gelb geädertem veronesischen Marmor wurde in der zweiten Hälfte des 15. Jahrhunderts hergestellt und zeigt das Wappen der Familie Ghislieri, der der damalige Bischof der Stadt angehörte, mitsamt den bischöflichen Insignien. Sechs kleine weiße Marmorlöwen bilden den Fuß des Baptisteriums. Ein Gedenkstein an der Seitenwand erinnert daran, dass in diesem Taufbecken ein weiterer berühmter Sohn der Stadt getauft worden ist: Giovanni Battista Pergolesi. Unter Musikliebhabern gilt Pergolesi, der bereits im Alter von 26 Jahren verstarb, als der Wegbereiter Mozarts. Die Stadt hat ihr Theater, erbaut gegen Ende des 18. Jahrhunderts auf der Piazza della Repubblica, nach ihm benannt. Dort findet alljährlich das große Pergolesi- und Santini-Festival statt. Es folgt die Seitenkapelle mit einem Kruzifix und die Kapelle des San Biagio mit dem heiligen Arm des San Romualdo.

Jesi

Vater der Kamaldulenser und eifriger Reformator des Klosterlebens

Der heilige Romuald gilt als der Gründervater des Kamaldulenserordens. Als Sohn eines Herzogs um 950 in Ravenna geboren, machte er im Alter von 20 Jahren Bekanntschaft mit dem Leben der Benediktinermönche, weil er an Stelle seines Vaters, der einen Mann im Duell getötet hatte, eine Sühnestrafe im Kloster abbüßen sollte. Das Mönchsleben gefiel ihm, er unternahm viele Missionsreisen und geriet auch in Kontakt mit einem Pyrenäenkloster, das unter dem Einfluss der Reformationsbewegung von Cluny stand. Nachdem er nach Italien zurückgekehrt war, bemühte er sich, die Auswüchse und Nachlässigkeiten, die sich in vielen Klöstern breit gemacht hatten, in den Griff zu bekommen und das Klosterleben zu reformieren. Seine wichtigste Neugründung war die Einsiedelei von Camaldoli bei Arezzo, die später zum Stammhaus der Kamaldulenser wurde. Der heilige Romuald starb 1027 in der von ihm aufgebauten Abtei Val di Castro bei Fabriano. Nur fünf Jahre danach wurde er zur Ehre der Altäre erhoben. Sein Leichnam muss irgendwann nach Jesi überführt worden sein, vielleicht im Zuge seiner Heiligsprechung. Jedenfalls verehrte man ihn bis ins Jahr 1480 in der Gruft einer kleinen Kirche zusammen mit den Überresten zweier Mönche aus Ravenna. Das Gebäude steht heute noch, ist aber keine Kirche mehr, und liegt, wenn man die Stadt wieder durch die Porta Garibaldi verlässt und die Straße überquert, in der Nachbarschaft eines kleinen Geschäftes. Die Einwohner von Jesi durften den heiligen Arm Romualds behalten, der Rest seiner Gebeine wurde auf Geheiß des päpstlichen Legaten 1481 in das Kloster San Biagio e San Romualdo bei Fabriano übertragen.

In der letzten Seitenkapelle vor dem Ausgang wird das Bildnis der Madonna della Salute verehrt. Die äußerst reich mit verschiedenfarbigem Marmor ausgeschmückte Kapelle präsentiert in einem prachtvollen, vergoldeten Rahmen die Kopie eines Tafelbildes der Muttergottes aus dem Jahre 1438 von Giovanni Antonio Bellinzoni aus Pesaro. Bekleidet in einen prächtigen Mantel mit einem typischen Muster der Renaissance, hält sie den fürstlich gewandeten Jesusknaben, der auf ihren Knien steht – nicht sitzt – und die rechte Hand segnend erhoben hat, mit beiden Händen.

An den Seitenwänden der Kapelle finden sich in prachtvollen Farben Szenen aus dem Leben der Jungfrau Maria, gemalt von Luigi Mancini um 1878: Der Besuch bei der heiligen Elisabeth, ihre Darstellung im Tempel und die Aufnahme Mariens in den Himmel.

Der Karmel von Jesi hütet eindrucksvolle Fresken aus der Giotto-Schule

Nur wenige hundert Meter Luftlinie gegenüber der Piazza Federico II, außerhalb der Stadtmauern, findet sich die Kirche San Marco aus dem 13. Jahrhundert. Sie ist heute die Klosterkirche des Karmels von Jesi. Zwischen 11.30 Uhr und 15.30 Uhr ist Mittagsruhe im Karmel, sonst kann man ab 8.30 Uhr bis 17.00 Uhr an der Pforte mit dem Wunsch klingeln, die Kirche besichtigen zu dürfen. Mit einem elektrischen Türöffner öffnen die Schwestern aus der Klausur heraus die Holztüre. Die Existenz dieses Karmel verdankt Jesi der Initiative von Kardinal Piermatteo Petrucci, einem großen Bewunderer der karmelitischen Spiritualität. Petrucci war sehr daran gelegen, in seiner Heimatstadt einen Karmel zu haben und so gründete er am 21. November 1684, dem Fest Mariä Tempelgang, diese Gemeinschaft, gab ihr zunächst die Regel der heiligen Maria Maddalena de' Pazzi und benannte sie nach der Heiligen Dreifaltigkeit. Petruccis Nachfolger, Alessandro Fedeli, schenkte der Gemeinschaft klare kanonische Regeln hinsichtlich der ewigen Gelübde und des Klausurgebotes. Und bereits in den ersten Jahrzehnten seines Bestehens brachte der Karmel in Jesi an die zehn Ehrwürdige Dienerinnen Gottes hervor. Im Jahre 1882 zogen die Karmelitinnen zum letzten Mal um, und zwar neben die Markuskirche.

Dieser Kirchenbau stammt aus dem 13. Jahrhundert und war ein Geschenk an Franziskus von Assisi. Die Fassade besteht aus den regional üblichen Mattonesteinen, von denen sich das schlichte weiße Marmorportal deutlich abhebt.

In seinem Inneren birgt San Marco hervorragende Fresken, die der Giotto-Schule von Rimini zugeschrieben werden. Kennzeichnend sind insbesondere die Lebhaftigkeit der Farben, die Präzision in Details und individuelle Physiognomien der abgebildeten Personen.

Im hinteren Teil des Mittelschiffes findet sich eine großartige Kreuzigungsszene, der römische Hauptmann ist gerade dabei, mit dem Speer die Seite Jesu zu durchbohren. Unter dem Kreuz kniet, Jesu Füße umfassend, eine wunderschöne Maria Magdalena in einem purpurnen Gewand mit üppig herabfließenden dunkelblonden Haaren. Mutter Maria ist ohnmächtig geworden und wird von einer Frauengruppe gestützt und gehalten. Ebenfalls sehenswert ist die Verkündigungsszene im hinteren rechten Schiff: Der Künstler hat den Engel links des Kirchenfensters gemalt, die Jungfrau rechts davon. An der Wand daneben liegt Maria auf dem Sterbebett, umgeben von den Aposteln und Jüngern.

Für die Instandhaltung der Kirche wird – in Italien gibt es keine Kirchensteuer wie in Deutschland – Geld benötigt. Es ist deshalb durchaus angebracht, einige Münzen oder vielleicht einen kleinen Schein in den Opferkasten zu werfen; schließlich wird in italienischen Kirchen Kunst umsonst geboten.

Lorenzo Lotto in der Pinakothek von Jesi

Durch die Porta Garibaldi geht es wieder hinauf in die Stadt, diesmal nicht nach links, auf die Piazza Federico II, sondern nach rechts, am Palazzo della Signoria aus dem 15. Jahrhundert vorbei, durch den Arco del Magistrato, den Magistratsbogen. Damit verlässt man auch den alten Stadtkern und steht nun auf dem Platz der Republik mit dem Pergolesi-Theater, hinter dem der Palazzo Pianetti-Tesei aus dem 18. Jahrhundert mit seiner meisterlichen Stuckgalerie im ersten Stock und der Pinakothek von Jesi, die Kunstwerke regional bedeutsamer Maler aus dem 14. bis 16. Jahrhundert ausstellt, vor allem aber eine Reihe der wichtigsten Werke von Lorenzo Lotto, die zwischen 1512 und 1532 entstanden sind, wie das Altarbild der heiligen Lucia, Jesu Grablegung, eine Verkündigung und eine Heimsuchung Mariens.

Cingoli

Die Aufbahrung der heiligen Sperandia in Cingoli

Cingoli: Die unverwesliche Stadtpatronin und der heilige Esuperanzio

Ein altes marchigianisches Sprichwort lautet „Non è ancor notte a Cingoli" („Es ist noch nicht Nacht in Cingoli") und will sagen, dass man den Tag nicht vor dem Abend loben solle. Wer die einzigartige landschaftliche Lage dieses Städtchens zwischen Monte Conero an der adriatischen Küste und Fabriano im Landesinneren betrachtet, findet schnell eine Erklärung für diesen Spruch: Cingoli liegt auf 631 Metern Höhe über dem Meeresspiegel und wenn es ringsum schon dunkel ist, dann treffen die letzten Strahlen der untergehenden Sonne noch auf dieses Städtchen, das man auch den „Balkon der Marken" nennt. Maler wie Donatello Stefanucci rühmten Cingoli für seinen bezaubernden Ausblick, der unendliche Panoramen eröffne. Tommaso Roccabella, der eine Ortschronik verfasste, schrieb im 16. Jahrhundert: „Cingoli ist eine historische Stadt in der Mark bei Ancona, gelegen an den Füßen des Apennin auf einem gefälligen Hügel, der geschmückt ist mit allerlei Obstbäumen und wo man hervorragenden Wein anbaut. Die Luft ist gesund, ja, sie ist völlig rein, die Felder sind fruchtbar. Es hat einen schönen und entzückenden Ausblick, den man nirgendwo sonst finden kann."

In der Tat geht der berühmte Panoramablick bis hinauf nach Pesaro im Norden, über den Monte Conero an der Adria und an manchen Tagen im Jahr bis nach Kroatien, während man Richtung Süden noch das Gran-Sasso-Massiv der Abruzzen erkennen kann. Es empfiehlt sich also, einen Besuch Cingolis bei gutem Wetter und günstigen Sichtverhältnissen einzuplanen.

Cingoli

Wie das Wetter an jenem Tage war, als die heilige Sperandia von Rom herkommend das Städtchen Cingoli erblickt hat, ist nicht überliefert. Vielleicht war es ein herrlich klarer Abend, und während ringsum die Dämmerung hereinbrach, leuchteten die Zinnen von Cingoli noch einmal gegen die herabsinkende Nacht an. Sperandia mag es wie ein Fingerzeig des Allerhöchsten erschienen sein, noch dazu, weil Cingoli große Ähnlichkeit mit ihrer Geburtsstadt Gubbio am Monte Ingino aufweist.

Geboren im Jahre 1216 als Kind einer noblen und wohlhabenden Familie, erzogen ihre Eltern sie fromm und ganz im Geiste des Evangeliums; vielleicht bereitete man sie auch für den Eintritt in ein Kloster vor. Vor knapp einem Vierteljahrhundert erst war Ubaldo, der Bischof von Gubbio, heiliggesprochen worden. Zehn Jahre vor ihrer Geburt hatte ein gewisser Giovanni Bernardone, genannt Francesco, Kaufmannssohn und Soldat, auf dem Marktplatz des nahe gelegenen Städtchens Assisi einen Skandal provoziert: Vor den Augen des Bischofs und der Geistlichkeit, seiner Familie, seinen Freunden und Bekannten, kurz, der ganzen Stadt bis hin zum letzten Schweinehirten legte er seine Kleider ab und sagte sich somit von allen irdischen Banden los. „Von heute an habe ich nur noch einen Vater, nämlich meinen Vater oben im Himmel", rief er aus, während Bischof Guido von Assisi bestürzt seinen Mantel über den nackten Jüngling schlug.

Seither war es, als hätten sich die zärtlichen Fingerspitzen des Herrn auf das grüne Umbrien mit seinen herrlichen Tälern, seinen Hängen voller silbrig glänzender Olivenbäume und seinen dichten Kastanienwäldern gelegt. Vor allem die Jugend war von neuem Gotteseifer ergriffen, randvoll angefüllt vom Bestreben, in die Nachfolge des Herrn zu treten. Der Heilige Geist brauchte keine Handys, keine SMS, keine sozialen Medien, kein Facebook und keine Flashmobs dafür. Ihm genügte ein einziger Anhauch, um die jungen Frauen und

Männer in einem Feuer auflodern zu lassen, das den Körper nicht verbrennt: Den Liebesflammen zur Armut und zur Entsagung aller irdischen Gelüste in der kompromisslosen Nachfolge Jesu.

Als Sperandia neun Jahre alt war, erschien ihr Jesus Christus und forderte sie auf, ihre Gewänder abzulegen und Buße zu tun. Sperandia tat es dem Franziskus von Assisi gleich und zog ihre Kleider aus zum Zeichen, dass die „Welt" keine Macht mehr über sie habe. Dann warf sie sich eine gegerbte Schweinehaut über und gürtete sich mit einer eisernen Kette, um nach dem Vorbild Jesu umherzuziehen. Zunächst blieb sie in den Bergen bei Gubbio, schließlich zog sie weiter Richtung Spoleto, um die Gläubigen dort im Gebet zu unterrichten und spirituell zu unterweisen. Über die Lombardei und Venezien ging es wieder zurück in die Marken, nach Umbrien und die Toskana, und überall bekehrten sich die Menschen und bereuten ihre Sünden. Doch Sperandias Unruhe wurde größer und größer, ihre Sehnsucht nach Jesus Christus kannte nur noch ein großartiges Ziel: Das Heilige Land. Dort absolvierte sie das komplette Programm der Lebensreise Jesu. Sie besuchte Bethlehem, Nazareth, Kafarnaum, Jerusalem, den Jordan, Tabor, den Ölberg, Golgatha und die Grablege, bevor sie wieder nach Rom zurückkehrte, um dort an den Gräbern der Apostel zu beten und die Katakomben zu besuchen. Nachdem der Papst sie empfangen hatte, der ihr, weil sie barfüßig war, ein paar Schuhe schenkte, hätte sie sich in ein gemütliches Kloster zurückziehen und an die Niederschrift eines Kompendiums „100 christian places to see before you die" machen können. Sperandia wäre jedoch nicht Sperandia gewesen, wenn sie nach all diesen Abenteuern nun hinterm Ofen die Beine hochgelegt hätte. Von Rom ging es wieder quer über den Stiefel bis zum Monte Citona bei Cingoli, wo sie in einer schwer zugänglichen Felshöhle fastete, barfüßig und barhäuptig auf einem Lager aus Stroh schlief und ohne Unterlass betete und Buße tat.

In dieser Höhle, heute die „Grotte der heiligen Sperandia" genannt, blieb die junge Frau für einige Jahre, dann, man weiß nicht genau, warum, gab sie das Einsiedlerleben auf und trat in das Benediktinerinnenkloster Cingolis ein, wo sie alsbald zur Äbtissin erwählt wurde. Sperandia tat viele Wunder, an Kranken, an unfruchtbaren Frauen, an allen, die um ihre Hilfe baten und stiftete Frieden zwischen den beiden verfeindeten Parteien der Ghibellinen und Guelfen im Städtchen. Ihr populärstes Wunder aber war dieses: Einmal bewirtete Sperandia einen Maurertrupp, die Männer hatten einige Arbeiten am Klostergebäude und der Kirche auszuführen. Nachdem sich alle tüchtig satt gegessen hatten, fragte die heilige Frau höflich, ob die Gäste noch einen Wunsch hätten. Übermütig riefen die Männer aus, dass es ihnen freilich auch nach Kirschen zum Dessert gelüsten würde. Als sich Sperandia daraufhin zum Gebet zurückzog, erschien ihr ein Engel und brachte eine Schüssel mit frischen Kirschen – mitten an einem frostigen und verschneiten Januartag –, die sie den erstaunten Männern zum Dessert anbot. Bestürzt warfen die Witzbolde sich der frommen Frau zu Füßen, baten um Verzeihung und priesen Gott und alle seine Heiligen.

Besonders dieses Wunder hat Sperandia beim einfachen Volk beliebt gemacht und als sie am 11. November 1276 starb, stand sie im Ruf größter Heiligkeit. Und dieser Ruf vermehrte sich weiter, als man bei mehreren Exhumierungen feststellte, dass Sperandias Körper über Jahrzehnte, sogar Jahrhunderte hinweg unversehrt blieb. Heute liegt sie zur allgemeinen Verehrung für die Einwohner von Cingoli, deren Schutzpatronin sie ist, in einem gläsernen Schrein der Kirche San Speradia beim Benediktinerinnenkonvent in der Nähe der Porta Piana. Sie, die ihr asketisches Leben mit einem Stück Schweinsleder als Überwurf und einer eisernen Kette begann, ruht dort für die Ewigkeit bekleidet im Habit und mit dem Äbtissinnenstab an ihrer Seite. An ihren Füßen stecken nun Pantöffelchen aus

Cingoli

Goldnetzgewebe, mit denen sie es niemals schaffen würde, zu ihrer Höhle am Monte Citona hinabzusteigen.

Wer den Ausflug zu der Höhle in Richtung San Severino macht, bei Roccaccia den Schildern folgt und angetan mit festem Schuhwerk den Abstieg über die heute weitgehend mit Holz befestigten Stufen unternimmt, der bekommt eine leise Vorstellung davon, wie viel Mut, wie viel körperliche Zähigkeit und wie viel eisernen Willen diese kleine, in Gott verliebte Frau gehabt haben muss. Auch wenn sie inzwischen außerhalb von Cingoli in Vergessenheit geraten ist – mit ihren nun auf ewig golden beschuhten, unverweslichen Füßchen hat sie ihren bescheidenen Beitrag geleistet, damit es in Cingoli und für die ganze Menschheit nie mehr wirklich Nacht werden wird.

Bei einer kleinen Besichtigungstour durch die Altstadt sollte die San Domenico-Kirche in der Nähe des Rathausplatzes nicht fehlen, in der das Gemälde „Madonna mit den Heiligen" von Lorenzo Lotto gezeigt wird – die Kirche wurde zum Museum umgestaltet und man kann sie gegen eine geringe Eintrittsgebühr besichtigen. Lotto hatte seine Madonna mit den Heiligen ursprünglich als Altarbild gemalt. Für Kunsthistoriker gilt es als ein Markstein seines Schaffens – danach habe er sich stärker am Malstil Tizians orientiert. Maria überreicht, vor einem Rosenbusch sitzend, dem heiligen Dominikus den Rosenkranz. In Tondos über ihr, die sich über den gesamten Busch verteilen, sind Szenen aus dem Leben Jesu dargestellt.

Im Palazzo Castiglioni am Corso Garibaldi wurde der spätere Papst Pius VIII. geboren. Zahlreiche weitere Kirchen in der Altstadt sind sehenswert. Zur Stärkung nach einem borgo-Rundgang empfiehlt sich die authentische La taverna di Ro' mit einem hervorragenden Hauswein, ganz in der Nähe der Porta Piana, in der Via delle Portello (Mittwochs geschlossen).

Anschließend geht es weiter zur Kirche des heiligen Esuperanzio, die sich vor den Stadtmauern befindet und ausgeschildert ist.

Der heilige Esuperanzio und seine Kirche

Vor einer beeindruckenden Bergkulisse steht dieser imposante Bau, wie häufig hier, auf römischen Fundamenten. Seine architektonische Verwandtschaft mit dem Kloster Fonte Avellana am Monte Catria kann dieses Gebäude nicht leugnen – in der Tat haben Benediktiner bzw. Kamaldulenser von dort wichtige bauliche Erweiterungen bis etwa Mitte des 12. Jahrhunderts vorgenommen. Die in der Sonne rosafarben schimmernden Sandsteinquader betonen den nüchternen, romanischen Stil, der von einem wunderschönen Portal mit kunstvoll verzierten Bögen aus Marmor durchbrochen wird. In der Lunette sehen wir den heiligen Esuperanzio, wie er von zwei Engeln mit Weihrauch geheiligt wird, darunter sind die Symbole der vier Evangelisten mit dem Lamm Gottes zu sehen. Links hat sich Mastro Giacomo aus Cingoli mit dem Jahresdatum 1295 für die Erbauung des Portals verewigt.

Beim Eintreten fällt sofort die kühne Spitzbogenkonstruktion auf, die ohne weitere Stützpfeiler auskommt. Der Bau ist einschiffig und erhebt sich mit dem Chor über die barockisierende Krypta des Esuperanzio, die als „confessio" gestaltet ist, also ähnlich dem Petrusgrab im Petersdom durch eine Treppe erreichbar und einsehbar ist.

Die Wände sind mit eindrucksvollen Fresken aus der Renaissancezeit verziert. Gleich auf der rechten Seite nach dem Baptisterium ist ein Ex-Voto-Bild zu sehen, das Antonio Solario, genannt „Der Zigeuner", zugeschrieben wird. Die Madonna hält das nackte Jesuskind auf dem Arm, rechts und links von ihr stehen der heilige Esuperanzio und der heilige Bernhardin von Siena, der ebenfalls schon in dieser

Kirche gepredigt haben soll. An einem anderen Pfeiler finden wir eine kleine Sensation für Kenner der Geschichte des Muschelseidentuches – dem Volto Santo. Zu sehen ist eine relativ geläufige Darstellung der Veronika in wunderschöner Ausführung, vermutlich aus dem 15. Jahrhundert, darunter eine rätselhafte, unentzifferbare Inschrift in gotischen Lettern.

Doch es gibt noch mehr Ungewöhnliches zu entdecken: Auf der rechten Seite wird hinter Glas ein Holzkruzifix aufbewahrt, das aus dem 13. Jahrhundert stammt. Es zeigt Jesus Christus zwar typisch für diese Zeit mit den Füßen parallel und mit je einem Nagel ans Kreuz geheftet, doch die durchbohrten Hände hat er vom Querbalken wieder losgelöst und breitet sie nach unten, in Richtung des Betrachters, aus, wie um ihn zu umarmen oder zu sich empor zu ziehen. Gegenüber die heilige Jungfrau vom Sasso, ebenfalls aus Holz, in einer außergewöhnlichen Darstellung aus dem 17. Jahrhundert. Die mit zwölf Sternen bekränzte Heilige Jungfrau hält beide Hände erhoben, das Jesuskind schwebt vor ihrer Brust, statt eines blauen Schleiers trägt sie hier Weiß und Gold. Nur das Brusttuch mit dem Jesuskind ist dunkelblau.

Ein Blick in die Sakristei lohnt sich ebenfalls, dort steht neben einem wunderschönen Bild des heiligen Sebastians aus dem 16. Jahrhundert auch ein Flügelaltar von Giovanni Antonio da Pesaro.

Wer war nun aber der heilige Esuperanzio, dessen Reliquien in der Krypta mit bischöflichen Gewändern im Glasschrein zur Verehrung ausgestellt werden? Über seine Lebensdaten findet man keine klaren Hinweise, vermutlich ist er aber im 5. Jahrhundert geboren als Kind eines heidnischen Vaters und einer christlichen Mutter, und zwar in Karthago. Nach der Tradition habe er sich im Alter von zwölf Jahren gegen den Willen seines Vaters taufen lassen. Danach habe er sein Elternhaus verlassen, um in die Nachfolge Christi zu treten.

Nachdem er in Numana, am Monte Conero, gelandet war, machte er sich auf den Weg nach Rom, wo er gegen die dort herrschenden heidnischen Sitten anpredigte, weshalb man ihn einkerkerte. Doch selbst im Gefängnis vollbrachte er zahlreiche Wundertaten und wurde schließlich auf Intervention des Papstes wieder befreit. Anastasius II. weihte ihn zum Bischof und schickte ihn nach Cingoli, wo er im Jahre 510 verstarb.

Nach seinem Tode kam es erneut zu Wundern, vor allem, als die Langobarden in der Region einfielen. Während dieser Zeit gab es offenbar großartige Zeichen seiner Protektion, sodass die Cingolaner ihn letztlich zu ihrem Schutzpatron erhoben. An jedem 24. Januar wird deshalb nicht nur ein Fest im borgo ausgerichtet, der zu der Auswahl der schönsten borghi von ganz Italien gehört, sondern auch ein literarischer Preis, der San Esuperanzio-Preis, ausgeschrieben.

Loreto

Das Santuario in Loreto

Loreto: Das Haus der Heiligen Familie aus Nazareth

Loreto ist der Solitär im Diadem der geheiligten Orte Mittelitaliens. Nur Loreto, gelagert auf einem Felssporn mit Blick auf die madonnenmantelblaue Adria, darf für sich in Anspruch nehmen, dass sich an ihm der Ort befindet, an dem das Wort Fleisch geworden ist – das heilige Haus, die Wohnstatt der Heiligen Familie aus Nazareth. Ungezählte Päpste, Könige und Heilige wie Franz von Sales, Therese von Lisieux oder Maximilian Kolbe haben diesen Ort besucht. Berühmte Italienreisende der Aufklärungszeit wie Seume, Montaigne, Stendhal, sie alle fühlten sich angezogen vom Herzschlag Loretos, dem Herzschlag der Gottesmutter. Johann Gottfried Seume, ansonsten nicht gerade ein ausgesprochener Freund des Katholizismus, schreibt in seinem Spaziergang nach Syrakus mit einem Seitenhieb gegen die gottlosen Napoleonischen Besatzer:

„Die Gegend von Loreto ist ein Paradies von Fruchtbarkeit, und die Engel müssen ganz gescheite Leute gewesen sein, da sie nun einmal das Häuschen im gelobten Land nicht behaupten konnten, dass sie es durch die Luft aus Dalmatien hierher bugsiert haben. Es steht hier doch wohl etwas besser, als es dort gestanden haben würde, wo es auch den Ungläubigen sozusagen noch in den Klauen war. Zwar hat es den Anschein, dass der Unglaube auch hier etwas überhand nehmen wollte und einen dritten Transport nötig machen würde, denn die entsetzlichen Franzosen ... hatten sich nicht entblödet, der heiligen Jungfrau Gewalt anzutun."

Loreto

René Descartes befand sich im Jahre 1619 in der schwierigsten Phase seines Lebens – zwar war sein Hauptwerk nicht geschrieben, doch stand er kurz vor dem philosophisch-wissenschaftlichen Durchbruch seines Lebens, da gelobte er eine Pilgerfahrt zur Gottesmutter an die Adria. Loreto war – bis die Wallfahrt nach Guadalupe aufkam – das bedeutendste und meistbesuchte Marienheiligtum der ganzen Welt. Hier stand das Haus, in dem der Erzengel Gabriel der blutjungen, gläubigen Jüdin Maria den englischen Gruß entboten hatte. Und hier waren die Mauern, innerhalb derer die Macht Gottes über die Jungfrau gekommen war, der Heilige Geist sie überschattete. In diesen Mauern war der Sohn Gottes ins Fleisch empfangen worden und aufgewachsen.

Die Überlieferung besagt, dass im Jahre 1294 das heilige Haus aus Nazareth von Engeln durch die Lüfte getragen und zuerst in Jugoslawien, schließlich dann auf diesem Hügel über der Adria an einer alten Straße abgesetzt wurde. Bei der Landung sollen sich die umstehenden Bäume vor Ehrfurcht bis zum Boden verneigt haben. Der Ruhm des Heiligtums hatte sich schon früh begründet und schnell verbreitet. Von den Seeleuten des Kolumbus etwa ist bekannt, dass sie während eines Sturms auf der zweiten Überfahrt nach Amerika 1493 die heilige Muttergottes von Loreto anriefen.

Noch heute feiert man am 10. Dezember die Übertragung des Heiligen Hauses – und in den Tagen nach dem 8. Dezember, der unbefleckten Empfängnis Mariens, der heute noch ein wichtiger Feiertag in Italien ist, zünden die Einwohner rings um Loreto Leuchtfeuer an, um die Landebahn für die Engel zu markieren.

Seit der Punktlandung vor knapp siebenhundert Jahren herrscht Trubel im Luftraum über Loreto. Der heilige Joseph von Copertino, von dem überliefert wird, dass er selbst fliegen konnte, befand sich im Jahre 1657 in der Nähe von Loreto und erschreckte seine Mitbrüder zu Tode, als er beim Anblick der Silhouette des Heiligtums ausrief:

„O Gott, was ist das, was sehe ich? Wie viel Engel steigen zum Himmel hinauf und steigen herunter! Seht ihr sie nicht? Schaut doch, wie sie mit Gnaden ganz beladen herabsteigen und zum Himmel zurückkehren, um neue Gnaden zu holen! Sagt mir, was ist das für ein Ort?" Gleichzeitig schwebte er entzückt und entrückt zum Scheunendach des nächstgelegenen Bauernhauses empor. Als man ihn informierte, dass unter der Kuppel, über der er die Engel auf- und niedersteigen sah, das heilige Haus von Nazareth verehrt werde, sagte er zu seinen Mitbrüdern: „Kein Wunder, dass die Engel des Paradieses in so großer Zahl herabsteigen, wenn der Herr des Paradieses dort herabgestiegen ist, um Mensch zu werden. Seht doch, wie dort die göttlichen Erbarmungen herabregnen!"

Die Wallfahrtskirche, ihre Kunstschätze und das heilige Haus als größter Schatz darin

Die meisten Besucher gelangen durch die Porta Romana zur Altstadt, in deren Torbogen auch ein Ehrenmal für die Rosenkranzknüpferinnen von Loreto angebracht ist. Der Corso Boccalini führt direkt auf die Piazza della Madonna. Am Ende des Platzes steht die Wallfahrtskirche aus dem 15. Jahrhundert. An zwei Seiten begrenzt der apostolische Palast mit seinen überdachten Gängen den Platz, in der Mitte steht ein monumentaler Brunnen aus dem 17. Jahrhundert.

Man betritt die Basilika durch die beeindruckenden Bronzetore mit Darstellungen aus dem Alten und dem Neuen Testament. Das Kircheninnere ist dreischiffig, wobei die beiden Querschiffe und das Langhaus mit dreiteiligen Apsiden abschließen. Dadurch entsteht ein Kranz von 15 Kapellen rund um das marmorverkleidete heilige Haus, das sich direkt unter der Kuppel befindet, die im 19. Jahrhundert mit Fresken zum Dogma der Unbefleckten Empfängnis ausgemalt wurde.

Die bedeutendsten Kunstwerke finden sich in der Sakristei des heiligen Johannes sowie in der Sakristei des heiligen Markus, dort haben Luca Signorelli und Melozzo da Forli meisterlich gewirkt.

Signorellis Apostelgestalten an den Wänden der Sakristei des heiligen Johannes stammen aus den Neunzigerjahren des 15. Jahrhunderts und sie erstaunen durch die Frische ihrer Farben und den plastischen, überreichen Faltenwurf der Gewänder, in die Signorelli die Zwölf gehüllt hat. Immer wieder muss man sich vergegenwärtigen, dass der Meister aus der florentinischen Schule seine Engel und Evangelisten, die hologrammartig aus den Szenen zu treten scheinen, auf planes Mauerwerk aufgetragen hat. Besonders bei der Sphäre der Engel, im Segelgewölbe, verblüfft die Lebhaftigkeit des Tanzes, die Luftigkeit und Bewegtheit der Gazeschleier, die sich fälteln, bauschen, ja regelrecht schimmern, als flatterten sie durch die mit Sonnenstrahlen erfüllte Luft anstatt auf dem bemalten Putz einer achteckigen Sakristei.

Eine ähnliche Schwerelosigkeit erreichen die Engel Melozzo da Forlis, die aus dem blauen Himmel zum Fenster herein in die Sakristei des heiligen Markus hereinschweben. An einer der Seitenwände hat der Meister aus Forli den Einzug Jesu in Jerusalem dargestellt. In beiden Sakristeien verdienen aber auch die herrlich gestalteten, raren Ornamentfliesenböden die Beachtung des Besuchers.

In der Kapelle der heiligen Anna und des heiligen Joachim, auch schweizer Kapelle genannt, geht es um die Familie Mariens, dort findet sich ein Mosaik nach einem Gemälde von Angelika Kauffmann.

Die spanische Kapelle ist dem heiligen Josef geweiht. In der Kapelle der Herzöge von Urbino sind Fresken mit Szenen aus dem Leben Mariens zu bewundern, die aus dem 16. Jahrhundert stammen. In der polnischen Kapelle zeigen die Fresken entscheidende Szenen der polnischen Historie, etwa der Einzug Sobieskis in Wien und die Schlacht an der Vistola. Die originellste und modernste Kapelle ist sicher die amerikanische, die die Madonna von Loreto als Schutzpatronin der Aero- und Astronauten zeigt. Schließlich gibt es noch die slawische Kapelle des heiligen Cyrill und des heiligen Method, der Slawenapostel, die Sakramentskapelle oder französische Kapelle, die deutsche Kapelle und die Kreuzkapelle mit einem eindrücklichen Holzkruzifix aus dem Jahre 1637 von Innocenzo da Petralia.

Bramantes Marmorumkleidung des heiligen Hauses direkt unter der Kuppel besitzt einen schmalen umlaufenden Sockel mit parallelen Vertiefungen: Pilger haben diese Rinnen in 500 Jahren mit ihren Knien in den Marmor geschliffen, weil sie das Heiligtum demütig umrundeten und dabei Gebete sprachen, bevor sie in das Innerste eintraten. Noch heute kann man erleben, wie Menschen jeden Alters, ganze Familien, selbst Greise, auf Knien betend die Marmorverkleidung umrunden.

Im Innern des Schreins befinden sich drei bräunlich-schwarze Mauern aus Naturstein und Mörtel, mit Resten von Freskenbemalungen darauf und der Altar mit der Madonna von Loreto. Das heilige Haus ist circa 9,5 Meter lang und 4 Meter breit. Beim Vergleich der Maße – Steine und Mörtel stammen tatsächlich aus dem Heiligen Land – stellt man fest, dass die drei Mauern exakt vor die Verkündigungsgrotte in Nazareth passen, die ihre Öffnung dort hatte, wo heute der Marienaltar steht.

Stammt das heilige Haus wirklich aus Nazareth?

Im Jahre 1219 konnte Franziskus von Assisi noch nach Nazareth pilgern, um dort das Haus, in dem das Wort Fleisch geworden ist, zu verehren. Also muss er es zu diesem Zeitpunkt noch vorgefunden haben. Angeblich bauten bereits die ersten Apostel die Wohnkammer mitsamt der Verkündigungsgrotte zu einer Kirche mit einem Altar aus und die Überlieferung besagt, dass der Evangelist Lukas die schwarze Madonna aus Zedernholz anfertigte. Der „unbekannte Pilger" aus Piacenza berichtet für das Jahr 570 jedenfalls:

> *„Das Haus der heiligen Maria ist eine Kirche, und von ihren Kleidern hat man dort viele wohltätige Einflüsse."*

Ricoldo da Montecroce hat das Haus im Jahre 1289 ebenfalls noch gesehen, zwei Jahre vor der geheimnisvollen Translation, und er schreibt dazu, er habe in Nazareth eine Kirche in Trümmern gesehen, doch die Verkündigungskammer sei erhalten geblieben, weil der Herr ein Zeichen für Marias Demut habe setzen wollen.

1291 hatten die Muslime die christlichen Herren endgültig aus dem Heiligen Land vertrieben – vermutlich hat man deshalb die drei Mauern vor der Grotte abgebaut und abtransportiert, da man eine Verwüstung dieses urchristlichen Heiligtums befürchtete. Ein relevantes Indiz dafür, dass das Haus wirklich aus dem Heiligen Land stammt, sind die roten Stoffkreuze, die man bei einer Untersuchung in den 1960er Jahren zwischen den Steinen fand. Der Historiker Michael Hesemann, der in seinem Buch „Maria von Nazareth" auch über Loreto schreibt, hat den aktuellen Stand der wissenschaftlichen Untersuchungen zur Santa Casa zusammengefasst. Zu den Stoffkreuzen schreibt er: „Denn solche Stoffkreuze hefteten sich nur die Ritter an, die auf einen Kreuzzug gingen. Dabei gelobten sie, wenn sie ihr Ziel wohlbehalten erreichen würden, diese zum Dank an einer der heiligen Stätten in Jerusalem oder Nazareth zu hinterlegen. Die Stoffkreuze allein sind also ein eindeutiges Indiz dafür, dass das heilige Haus aus Palästina stammt (die Kreuzzugsära endete mit dem achten und letzten Kreuzzug 1270-1272, als es noch kein Heiligtum in Loreto gab)." Hesemann führt ebenfalls aus, dass die Natursteine der drei Hauptmauern Spuren einer Steinbearbeitungstechnik aufwiesen, die typisch für die Nabatäer sei. Noch bedeutsamer seien die Ritzungen, die „graffiti", die Pilger der frühen Christenheit in den Mauern hinterlassen haben. „Es sind Kreuze, Christogramme …, Alpha und Omega und andere griechische Buchstaben, bis hin zu der griechischen Inschrift: ‚O Jesus Christus, Sohn Gottes'. Sogar zwei hebräische Schriftzeichen konnten identifiziert werden, aber kein einziges Wort auf Latein oder Italienisch, den Sprachen, die in den Marken gesprochen wurden."

Und wie kam das Haus nach Loreto?

In einem Artikel von Padre Giuseppe Santarelli mit dem Titel „Nazareth and Loreto. The Grotto and the house of the Madonna" heißt es, dass der Leibarzt von Leo XIII. und Pius X. im Jahre 1900 unter dem Siegel der Verschwiegenheit an den späteren Bischof von Dijon berichtete, dass er in den Vatikanischen Archiven Dokumente entdeckt habe, die belegten, dass eine vornehme Familie aus Konstantinopel mit Namen Angeli (Engel!) das Häuschen vor den Muslimen gerettet und nach Loreto gebracht hätte, um dort einen Schrein für die Verehrung der Muttergottes zu errichten. Fünf Jahre später habe er diese Information an einen seiner Schüler weitergegeben. Tatsächlich bestätigt dies das „Folio 181" genannte Dokument des Codex Chartularium culisanense. Dort geht es um „die heiligen Steine des Hauses der Heiligen Jungfrau und Gottesmutter", die im Jahre 1294 im Besitz von Nikeforo Angeli gewesen seien, dem Herrn von Epirus, heute Albanien, und verwandt mit dem Kaiser von Konstantinopel.

Diese „heiligen Steine" seien zusammen mit einer Marienikone und weiteren kostbaren Gegenständen an Philip von Anjou, den Sohn des Königs von Neapel, gesandt worden, der mit Ithamar, der Tochter von Nikeforo, verlobt war. Die Hochzeit wurde im Oktober 1294 gefeiert. Das passt erstaunlich gut zur lokalen Überlieferung, der nach das heilige Haus in der Nacht vom 9. auf den 10. Dezember in Loreto „gelandet" sei. Ein Brautgeschenk der besonderen Art also, herbeigetragen von den Angeli, den Engeln.

Der Historiker Michael Hesemann, der auch ausführlich auf Santarellis Forschungsergebnisse eingeht, kommt in seinem Buch „Maria von Nazareth" hinsichtlich des heiligen Hauses von Loreto zu dem eindeutigen Schluss: „Was auch immer damals wirklich geschah: der Besucher des Heiligtums von Loreto kann jedenfalls sicher sein, eine authentische Reliquie vor sich zu haben. Die Steine des heiligen Hauses, das offenbar maßstabsgetreu wieder aufgebaut wurde, stammen tatsächlich aus Nazareth. Hier wie dort wird das Wunder der Inkarnation, der Menschwerdung Gottes spürbar, hier wie dort gelten die Worte, die dem Johannesevangelium entlehnt sind: HIC VERBUM CARO FACTUM EST. Hier ist das Wort Fleisch geworden!"

Sakristei und Museum

Durch den Seitenausgang der Basilika kommt man in die Sakristei und den Pomerancio-Saal, in dem die Votivgaben in Vitrinen aufbewahrt werden. Unendlich viele silberne Votivherzen, ganz alte Textilien und Kunstwerke, aber auch Neues und Aktuelles: Etwa quietschbunte Trikots von Sportlern, die diese als Dank für einen ersehnten Sieg der Madonna gestiftet hatten. Zig Pokale von Sportvereinen, eine Marmortafel der italienischen Fliegerstaffel, die die Madonna von Loreto als Schutzpatronin hat. Wie in der amerikanischen Kapelle dargestellt, ist sie die Schutzherrin der Fliegerei, Ballon- und

Raumfahrt. Von Charles Lindbergh sagt man, dass er eine kleine Statuette auf seinem Atlantikflug dabei hatte und die Apollo 9 Mission habe eine Medaille der Muttergottes von Loreto an Bord gehabt.

In dem an das Heiligtum angebauten bischöflichen Palast, dem Palazzo Apostolico, findet sich eine Pinakothek sowie ein Museum. Das Herzstück der Sammlung sind über 350 Arbeiten aus Majolika nach Entwürfen aus der Schule Raffaels; eine Schenkung von Guidobaldo II., Herzog von Urbino. Neben Tapisserien und Paramenten, Devotionalien, Kruzifixen und persönlichen Gegenständen von Päpsten, die bereits Loreto besucht haben, verdienen besondere Beachtung die Verkündigung von Antonio da Faenza und die acht Spätwerke des gebürtigen Venezianers Lorenzo Lotto, der in den Marken gelebt und gearbeitet hat und schließlich in die geistliche Bruderschaft von Loreto eingetreten ist.

Die Lauretanische Litanei – Anrufung Mariens in ihrem Heiligtum in Loreto

Eine der schönsten Anrufungen Mariens, die wir haben, ist die Lauretanische Litanei, die so genannt wird, weil sie für Loreto zuerst belegt ist, und zwar um das Jahr 1531. Kirchlich approbiert wurde sie schon kurz darauf, im Jahre 1587 durch Papst Sixtus V. Tatsächlich ist die Lauretanische Litanei wesentlich älter und ihre Entstehung ist umstritten. Einige Forscher behaupten, sie stamme aus dem 13. Jahrhundert und sei schon anlässlich der „translatio" des heiligen Hauses gesungen worden, andere gehen noch weiter zurück und vermuten Papst Sergius (um 680) oder Gregor den Großen im 5. Jahrhundert als ihre Verfasser. Wieder andere sind noch kühner und möchten bis in die Zeit der Urchristen zurückgehen. Schriftlich belegt haben wir eine Marienlitanei jedoch erst für das 12. Jahrhundert. Sie beginnt mit dem Kyrie, den Anrufungen von Gott Vater, Gott Sohn und

Heiligem Geist. Sie verehrt Maria unter folgenden Titeln: Wurzel der Kirchenväter, Weissagung der Propheten, Trost der Apostel, Rose der Märtyrer, Predigt der Bekenner, jungfräuliche Lilie, Hoffnung der Menschen, Zuflucht der Armen, Hafen der Schiffbrüchigen, Heilung der Kranken und schließt mit dem Agnus Dei ab.

Die Litanei erinnert stark an den ostkirchlichen Hymnos Akathistos, ein Marienlob, das im Stehen – akathistos – zu singen ist. Übrigens singt man auch regelmäßig zu besonders hohen Festtagen den „hymnos akathistos" in Loreto. Während die Ostkirche zahlreiche Marienlitaneien kennt und singt, ist die Lauretanische Litanei die einzige approbierte Marienlitanei der römisch-katholischen Kirche.

Nach den einleitenden Bitten um göttliches Erbarmen folgen die Anrufungen Mariens in ihrer Eigenschaft als Mutter, als Jungfrau und Anrufungen in Bildern, die von alttestamentlicher Sprachgewalt sind: Maria ist der starke Turm Davids, das goldene Haus, die Bundeslade Gottes, der Spiegel der Weisheit, sie ist die Pforte des Himmels. Darauf folgen die Anrufungen Mariens in ihrer Vermittlerrolle für die Gläubigen und die Anrufungen als Königin. Am Ende stehen das Lamm Gottes und die Schlussgebete.

Gegenüber den bekannten Vorläufern der Lauretanischen Litanei treten im 16. Jahrhundert, also zu ihrer Entstehung, noch die Titel „Ursache unserer Freude" und „Kelch des Geistes" hinzu.

In den Marken, wo man die Muttergottes von Loreto besonders verehrt, ist es auch heute noch üblich, vor der Heiligen Messe einen Rosenkranz und danach die Lauretanische Litanei zu beten.

Recanati bei Loreto – Geburtsort von Beniamino Gigli und Giacomo Leopardi

Nur etwas mehr als fünf Kilometer von Loreto, Richtung Landesinnere, liegt der Ort Recanati. Das Städtchen ist ebenfalls ein Pilgerort, aber ein weltlicher: Der Tenor Beniamino Gigli (1890-1957) ist hier geboren, sein Geburtshaus steht in der Piazzuola del Sabato del Villagio. Nicht nur Musikfreunde, auch Literaturliebhaber haben Grund, nach Recanati zu pilgern, denn hier kam auch der Dichter, Schriftsteller und Altphilologe Giacomo Leopardi (1798-1837) zur Welt und verbrachte den Hauptteil seines Lebens. Auch wenn er Recanati nicht besonders mochte, irgendwo in der Gegend muss er einmal auf einem Hügel gesessen und in das unendliche Blau des Adriatischen Meeres geschaut haben, woraufhin folgendes Gedicht mit dem Titel L' Infinito in der bekannten und meisterlichen Übersetzung von Rainer Maria Rilke entstand:

> *Immer lieb war mir dieser einsame*
> *Hügel und das Gehölz, das fast ringsum*
> *ausschließt vom fernen Aufruhn der Himmel*
> *den Blick. Sitzend und schauend bild ich unendliche*
> *Räume jenseits mir ein und mehr als*
> *menschliches Schweigen und Ruhe vom Grunde der Ruh.*
> *Und über ein Kleines geht mein Herz ganz ohne*
> *Furcht damit um. Und wenn in dem Buschwerk*
> *aufrauscht der Wind, so überkommt es mich, daß ich*
> *diese Lautsein vergleiche mit jener endlosen Stillheit.*
> *Und mir fällt das Ewige ein*
> *und daneben die alten Jahreszeiten und diese*
> *daseiende Zeit, die lebendige, tönende. Also*
> *sinkt der Gedanke mir weg ins Übermaß Untergehen in diesem Meer ist inniger Schiffbruch.*

Leopardi, der in Neapel im Alter von nicht einmal 40 Jahren starb, wurde dort neben Vergil begraben. Recanati hat ihm zu Ehren im Palazzo Comunale einen Leopardi-Saal eingerichtet, außerdem wurde sein Geburtshaus als Museum hergerichtet und enthält die vollständige Bibliothek des Philologen und Dichters.

Schließlich lohnt sich ein Besuch Recanatis auch wegen seiner Pinakothek, in der sich Jugendwerke von Lorenzo Lotto befinden und der Kirche San Domenico, in der man ein Fresko Lottos aus dem Jahre 1515 zu besichtigen kann, das den heiligen Vincenz Ferrer darstellt, einen der maßgeblichsten Dominikanerpersönlichkeiten des Spätmittelalters.

Osimo

Die Aufbahrung des heiligen Joseph von Copertino in Osimo

Osimo: Der vielleicht bezauberndste Heilige der katholischen Welt

Überstrahlt vom Glanz und der Bedeutung des nahe gelegenen Loreto hütet das ehemals römische Festungsstädtchen Osimo seinen eigenen Schatz. Schon von weitem grüßt die lustige Wetterfahne der Basilika San Guiseppe da Copertino mit der Silhouette eines fliegenden Klosterbruders. Hier befindet sich die Grabstätte eines der außergewöhnlichsten Heiligen der katholischen Kirche: Im Franziskanerkonvent von Osimo verbrachte der heilige Joseph von Copertino seine letzten Lebensjahre.

Ein echter „poverello", ein zweiter Franziskus sei er gewesen, der bescheidene Giuseppe, der in einem Stall in Copertino, am Absatz des italienischen Stiefels, zur Welt kam. Unzählige Wundertaten und Krankenheilungen erzählt man sich von ihm: Nicht nur, dass er es regnen lassen konnte, dass er Brot und Honig oder Messkerzen vermehrte – sogar eine komplette, vom Hagel erschlagene Schafherde hat er einmal vom Tode auferweckt.

Doch das allergrößte Wunder ereignete sich am 4. Oktober 1630, dem Festtag des heiligen Franziskus von Assisi. Joseph war noch keine dreißig Jahre alt zu diesem Zeitpunkt, und seine geistliche Laufbahn hatte er unter allergrößten Schwierigkeiten und Widerständen angetreten. An diesem Tag geschah es zum ersten Mal, dass Pater Joseph in die Luft ging. Eben war er der Festtags-Prozession noch vorangeschritten, nun schwebte er in Ekstase über den Köpfen der Menge hin. Wie man sich leicht vorstellen kann, gerieten die Zuschauer völlig außer sich. Das Geschrei muss ohrenbetäubend gewesen sein: Einige staunten, einige weinten und schrien, wieder andere bekannten lauthals ihre Sünden. Joseph aber erschreckte sich derart, dass er Zuflucht zur Madonna von Grottella nahm, einem winzigen Wallfahrtskirchlein in der Nähe. Alles Verstecken half nicht, die erstaunliche Fähigkeit Josephs machte die Runde wie ein Lauffeuer. Wenn der Pater die Messe zelebrierte, entstanden regelrechte Menschenaufläufe. Fiel er in Ekstase, so traktierten die Gaffer ihn gar mit Kerzenflammen und stachen ihn mit Nadeln. Natürlich konnte es so nicht lange weiter gehen. Am Ende erregte der arme Pater sogar die Aufmerksamkeit der heiligen Inquisition, die ihn des „Messianismus" verdächtigte und ein Verfahren gegen ihn anstrengte, das zwar mit einem Freispruch endete, ihn aber zwang seine Heimatgemeinde Copertino zu verlassen.

In wahren Nacht- und Nebelaktionen wurde Pater Joseph von Kloster zu Kloster verschickt – nirgendwo konnte er bleiben, der Andrang der Menschen störte jeden noch so sorgfältig organisierten Klosterbetrieb. Die Besucher wurden immer prominenter; zahlreiche Honoratioren, Botschafter, Grafen, Fürsten, Kardinäle und Könige haben unter Eid schriftlich bezeugt, dass Joseph in ihrer Anwesenheit abhob.

Den Ritter Baldassare Rossi heilte er gar vom Wahnsinn, als er ihn beim Haarschopf packte und ein Stück weit mit emportrug.

Wer den heiligen Mann in der Luft herumschwirren sah, bekehrte sich zumeist gleich an Ort und Stelle. Durchreisende deutsche Protestanten wie der Herzog von Braunschweig-Lüneburg nahmen den katholischen Glauben an. Nicht auszudenken, was in Deutschland los gewesen wäre, wenn ihn seine Ordensoberen nach dort geschickt hätten.

Dabei hatte rein gar nichts darauf hingedeutet, dass Giuseppe einmal solche Berühmtheit erlangen würde: Die Schule konnte er wegen eines Geschwürs an der Hüfte nicht zu Ende besuchen, die Mitschüler hänselten ihn und nannten ihn „bocca aperta", weil er häufig mit sperrangelweit geöffnetem Mund vor sich hinträumte.

In der Schusterlehre, die er begann, zeichnete er sich durch absolutes Ungeschick und völlige Zerstreutheit aus, bis sein Meister die Geduld verlor. Das erste Kloster, das ihn aufnehmen sollte, warf ihn hochkant wieder hinaus, weil er zu blöd war „schwarzes von weißem Brot zu unterscheiden" und dazu noch ständig das Geschirr zerdepperte. Kurzum, Joseph war ein ausgemachter Dummkopf und ein echter Tölpel. Niemand wollte ihn haben, keiner konnte ihn brauchen. Nur mit der Hilfe seiner geistlichen Onkel gelang es, ein Kloster ausfindig zu machen, das ihn aufnehmen wollte. Die theologischen Studien, die die Voraussetzung für seine Priesterweihe bildeten, konnte er kaum bewältigen. Obwohl er lernte wie ein Besessener, konnte er sich einfach nichts merken. Hinzu kam eine lähmende Prüfungsangst.

Für eine entscheidende Prüfung bereitete er die kürzeste Evangelienstelle vor, die das Messbuch vorsah: „Selig der Leib, der dich getragen hat". In der Nacht zuvor schwitzte er Blut und Wasser und rief unablässig die Jungfrau Maria an, ihm beizustehen. Tatsächlich wurde er genau über diese Stelle befragt – die einzige, die er auswendig gelernt hatte, übersetzen und auslegen konnte.

Darum wird der heilige Joseph besonders von Examenskandidaten und allen, die eine Prüfung ablegen müssen, angerufen.

Mehrere Vitrinen im Santuario sind angefüllt mit Kopien von Zeugnissen, Diplom- und Doktorarbeiten als Danksagung für die gewährte Hilfe. Und wenn in Italien die Abiturprüfungen anstehen, platzt das Gästebuch auf der Webseite des Santuarios aus allen Nähten. Nicht nur Schüler und Studenten bitten um Hilfe, auch deren Eltern und Verwandten wenden sich vertrauensvoll via Internet an den heiligen Joseph. Die Minoritenbrüder versprechen, in allen Anliegen zu beten und Fürbitte bei ihrem bezaubernden Heiligen einzulegen.

Doch wer kann, stattet unserem Giuseppe persönlich einen Besuch ab.

Durch die Sakristei mit ihrer prachtvollen Deckenbemalung geht es eine Treppe hinauf zu den drei Räumen, die Pater Joseph sechs Jahre lang bewohnte und in denen er schließlich starb. Alles liebevoll gepflegt und von der Klostergemeinschaft in Schuss gehalten. Sobald die Brüder bemerken, dass der pilgernde Besucher aus dem Ausland stammt, bieten sie an, die installierten Audioguides auf Deutsch oder Englisch ablaufen zu lassen.

Das Bett eines Heiligen: Ein grob gefertigter Bretterverschlag mit einer schmalen Pritsche und einem Stück von dem Bärenfell, mit dem er sich zudeckte. An einer Wand dieses ärmlichen Alkovens hat Joseph noch ein einfaches Bild befestigt: ein Poster mit Totenkopf mit Königskrone.

In den beiden anderen Räumen finden sich private Gegenstände, Essschüsseln, Rosenkränze, die Feuerstelle, ein Altar und das Bild der Grottella-Maria mit dem Kind, das er besonders liebte.

Giuseppes sehnlichster Wunsch, nämlich das heilige Haus in Loreto zu besuchen, erfüllte sich nicht. Die Ordensoberen verlangten strikte Geheimhaltung über seine Anwesenheit. Doch bei seiner Ankunft im Juli 1657 vor den Toren Osimos sah er über der Basilika von Loreto Engel auf- und niedersteigen und geriet bei diesem Anblick in eine solche Ekstase, dass er bis hinauf zum Giebel einer Scheune flog – zum heillosen Entsetzen der mitreisenden Brüder.

Osimo

Bald ereigneten sich derart gehäuft Wunder in Osimo, dass die Anwesenheit Josephs nicht mehr verheimlicht werden konnte. Zu einem dieser Wunder zählte auch die vorbildliche Umwandlung der bisher recht laxen Gemeinschaft in ein vorbildliches Kloster, erfüllt von religiösem Eifer und apostolischem Geist.

Aus der Bevölkerung wurden ständig neue Gebetsanliegen an die Gemeinschaft herangetragen, denn so konnte man sich in jedem Falle des Beistandes ihres prominentesten Mitgliedes sicher sein. Joseph heilte, sprach Prophezeiungen aus, hob immer wieder in Verzückung ab, tanzte mit einer Nachbildung des Jesuskindes in seinen Armen und sang vor Glück dabei.

Und er hatte bereits bei seiner Ankunft vorhergesehen, dass er den Konvent in Osimo nicht mehr verlassen würde. Als er im September des Jahres 1663 nach einer monatelangen Krankheit im Kreise seiner Mitbrüder verstarb, erstrahlte sein Gesicht – es war kurz vor Mitternacht – als ob ein Sonnenstrahl es erleuchtete. Acht Chorherren, acht Ritter und acht Ordensleute wechselten sich im Wache halten ab, um den Leichnam des Heiligen vor dem herandrängenden Volk – insbesondere aber vor Reliquienräubern zu schützen.

Wer bei einem Besuch in Loreto einen Abstecher nach Osimo zum heiligen Joseph macht, wird einem hinreißenden und äußerst lebendigen Heiligen begegnen. Einem Menschen, den erst niemand wollte und brauchen konnte, ein unnützer Träumer und ungeschickter Tölpel, bis Gott kam und ihn mit Beschlag belegte. Der sich so total von Gott vereinnahmen ließ, dass er regelmäßig vor Entzücken den Boden unter den Füßen verlor.

Lange alleine mit ihm in seiner Krypta bleibt man nie. Immer wieder kommt Besuch für Giuseppe: Eine Frau mit Einkaufstüten beladen, ein Radrennfahrer im grellen Trikot und mit klackernden

Sportschuhen. Andächtig verrichten sie ihr Gebet. Giuseppe lauscht – in seinem gläsernen Schneewittchensarg, getragen von Engelshänden – abgehoben in die Ewigkeit. Zum Schluss küssen die Besucher ihre Fingerspitzen und legen sie zärtlich auf's Vitrinenglas. Bis zum nächsten Mal!

Der Dom von Osimo mit einem wundertätigen Holzkruzifix und seiner meisterlich erbauten Krypta aus dem 12. Jahrhundert

Wir lassen die Basilika des San Guiseppe hinter uns und schreiten weiter empor, überqueren den Rathausplatz und gelangen schließlich am höchsten Punkt der Stadt zum Dom, der dem heiligen Leopardus geweiht ist. Leopardus sei der erste Bischof von Osimo gewesen, heißt es in den Reiseführern, doch seine Lebensdaten sind nirgends belegt. Tatsächlich war Fortunatus der erste Bischof von Osimo, den man historisch nachweisen konnte, und zwar für das Jahr 649.

Merkwürdig für eine Stadt, die vermutlich schon im 3. vorchristlichen Jahrhundert existierte, und in der sich so viele architektonische Relikte, Statuen und Gedenktafeln finden. Warum sollte Osimo ausgerechnet seinen ersten Bischof vergessen haben? Seit je her zeichneten die Christen sorgfältig Namen und Lebensdaten einfacher Gemeindemitglieder sowie von Bischöfen oder Päpsten auf. Könnte der Dom auch einfach dem heiligen Leopardus aus Rom geweiht sein, einem Kämmerer Kaiser Julian des Apostaten, der sich weigerte, dem Kaiser Weihrauch zu opfern und daher um 362 den Märtyrertod erlitt?

In Auximum waren die heidnischen römischen Traditionen sehr mächtig – der Dom soll auf einem Äskulap-Tempel errichtet worden sein, die Altstadt auf ihrem Tuffstein ist von einem System von Katakomben durchzogen, in denen Abbildungen des Mithras und

Hinweise auf den Bacchus-Kult gefunden wurden. Vielleicht wollten sich die Christen in Osimo des besonderen Beistandes eines echten Märtyrers versichern, als sie ihren Dom auf den heiligen Leopardus weihen ließen, vielleicht gab es den Bischof gleichen Namens tatsächlich. Dafür, dass die christliche Gemeinde allen Beistand suchte, den sie bekommen konnte, spricht die sehr gut erhaltene romanische Fassade des Domes, an der sich ungewöhnliche Steinmetzarbeiten mit Tier- und Fabelwesen finden, wie man sie zur Dämonenabwehr an Kirchen angebracht hat. Die Rosette auf der linken Seite ist von Gnomen, Bestien und Sirenen geradezu umstellt.

Steigt man die anmutige Freitreppe hinauf, erkennt man, dass sich um das rechte Portal im Torbogen zwei steinerne Schlangen winden. Der linke Portalbogen ist noch reichhaltiger und ornamentaler ausgeführt, man kann das Lamm Gottes und Petrus mit den Himmelsschlüsseln erkennen, außerdem Könige oder Würdenträger mit Buchrollen und Salb- oder Arzneigefäßen. Auch auf den Beistand der Muttergottes mitsamt den zwölf Aposteln wollte man in der „Außenabwehr" nicht verzichten – in der Seitenwand neben dem rechten Portal findet sich ein Relief mit Maria und dem Kind, dem zwei ältere Männer Gaben darbringen, darunter die Reihe der restlichen zehn Apostel. Eine eindrückliche Arbeit, erinnert sie doch weniger an Passion und Auferstehung Jesu als seine zentralen Taten für uns, sondern an die ecclesia santa mit Maria, dem Jesuskind auf ihren Armen, als Königin der Apostel. Wie wichtig mag den Christen der ersten 500 Jahre in Osimo die Vergegenwärtigung von kirchlicher Gemeinschaft gewesen sein, wenn sie dies wie als Vergewisserung neben dem Eingang ihres Sakralbaus anbrachten.

Man betritt den Dom durch den Seiteneingang und muss hierfür den Hof des bischöflichen Palastes durchqueren. Obwohl die lichte Konstruktion der frühgotischen Kreuzgewölbe aus dem Kreidestein vom nah gelegenen Monte Conero den Blick fast sofort hinaufzieht, lohnt auch eine eingehende Betrachtung des herrlichen Mosaikfußbodens aus dem Mittelalter. Im dreischiffigen Innenraum lassen sich die verschiedenen baulichen Epochen sehr gut nachvollziehen, 1956 wurde der Dom zuletzt restauriert. Ein weiterer Blickfang ist der erhöhte Chor mit seiner Apsis, die von einer Darstellung von Christus auf dem Thron geschmückt wird.

Bevor wir in die Krypta hinabsteigen, die ein kleines Meisterwerk der Baukunst ist und die Mastro Filippo im 12. Jahrhundert gebaut hat, werfen wir noch einen Blick auf das wundertätige Holzkruzifix aus der Zeit Bischof Gentiles, Anfang des 13. Jahrhunderts, das in einer Seitenkapelle hängt.

Die lokale Überlieferung sagt, dass am 2. Juli 1797 mehrere Kirchenbesucher beobachteten, wie Christus am Kreuz die Augen öffnete und wieder schloss. Das Wunder hielt mehrere Tage an, 127 kirchliche und weltliche Gemeindemitgliedern bezeugten dies. Zu dieser Zeit wüteten die Soldaten Napoleons in Italien gegen die Zivilbevölkerung. Entführung, Vergewaltigung, Mord und Totschlag waren an der Tagesordnung. Hinzu kamen die Entweihungen und Verwüstungen von Kirchen und Klöstern, für die gläubigen Italiener besonders unerträglich, und die Verfolgung von Priestern und geistlichen Würdenträgern.

In der Tat befand sich der damalige Erzbischof von Osimo, Kardinal Guido Calcagnigni, im Exil in Ferrara, als ihn die Anfrage der Bürgerschaft erreichte, ob man nicht künftig alle fünf Jahre eine Prozession abhalten solle, um auch die nachfolgenden Generationen an dieses erschütternde und wunderbare Ereignis zu erinnern. Der 2. Juli ist seither ein besonderer Festtag der Stadt.

Die romanische Krypta wurde im 12. Jahrhundert mit Material aus alten römischen und byzantinischen Bauten errichtet. Sie ist nicht perfekt symmetrisch: Alle Säulen, besonders deren Würfelkapitelle, sind unterschiedlich dekoriert. Ihre Höhe wächst von Süden nach Norden, gleichzeitig nimmt der Abstand zwischen ihnen zu. In Sarkophagen aus dem 4. bis 6. Jahrhundert ruhen die lokalen Märtyrer der Stadt: Diocletius, Sinnisius, Florentinus und Maximus, San Leopardo und der heilige Benvenuto, ein weiterer Bischof der Stadt, der um 1260 regiert hat. Das schöne Grabmal in der Ecke am Ausgang stellt Bischof Pompeo Compagnoni, gestorben 1774, kniend dar, mit einem Stapel Bücher zu seinen Füßen; Bischof Pompeo schrieb zu Lebzeiten eine historische Arbeit über die Geschichte seiner Diözese.

Die bandiera turca erinnert an ein Heldenstück im Kampf gegen die islamische Piraterie

Beim Verlassen des Domes sticht ein enormer barocker Gedenkstein an der Ausgangsseite ins Auge. An der Wand daneben hängt ein über fünf Meter langes Banner, das mit roten bzw. weißen Halbmonden bedeckt ist. Die Geschichte dieses Beutestücks, der bandiera turca, ist ein Heldenstück und wert, erzählt zu werden. Wie auch schon in den Hunderten von Jahren zuvor, suchten türkische Piraten die italienische Adriaküste immer wieder heim. Im Jahre 1723 war ihr Anführer ein aus Palermo entflohener Mann namens Raies Amurat, der Terror und Schrecken unter den Küstenbewohnern verbreitete. Die Türken konnten an den flachen Stränden der Marken besonders gut anlanden und starteten dann Raubzüge ins Landesinnere. Sie plünderten, vergewaltigten, sengten und mordeten, obwohl die „marchigiani" selbst kaum etwas besaßen als ein Stückchen Land, eine Kate und eine Handvoll Kinder. Ganz besonders an den Kindern und Frauen hatten Amurats Leute Interesse. Für Christensklaven gab es in Nordafrika, vor allem in Algerien, gigantische Märkte, um nicht Umschlagplätze zu sagen. Einige historische Forscher vermuten, dass durch muslimische Piraten in zweieinhalb Jahrhunderten circa 1,25 Millionen Christen – nicht nur im Mittelmeerraum – in Gefangenschaft gerieten: die Frauen in die Harems, die Männer auf die Ruderbänke der Galeeren und die Kindersklaven zur freien Verwendung. Beliebt war auch das Fordern von Lösegeld für Gefangene aus begüterteren Familien. Christliche Orden wie die Mercedarier sahen ihre Hauptaufgabe darin, Geld für Christen in muslimischer Gefangenschaft zu sammeln, deren Familien zu arm dafür waren, um sie selbst freikaufen zu können.

Insbesondere die päpstliche Flotte widmete sich schon aus Tradition dem Kampf gegen muslimische Piraten: Im 9. Jahrhundert von Papst Johannes VIII. formell etabliert, hatte sie bereits 849 bei der Seeschlacht vor Ostia gegen die sarazenischen Invasoren einen großartigen Sieg errungen.

Raies Amurat hatte deshalb ausgesprochenes Pech, dass der Kommandant eines der päpstlichen Schiffe, der Trireme San Pietro, ein Einwohner von Osimo war und ein Malteserritter noch dazu: Conte Francesco Guarnieri. Wir dürfen annehmen, dass der Conte Guarnieri hoch motiviert war, die Gegend seiner Väter und Vorväter so piratenfrei wie möglich zu halten und sein Volk zu beschützen. Tatsächlich gelang es ihm nach einer Schlacht auf hoher See, das Piratenschiff zu entern. Angesichts der immerhin zehn Kanonen und den zwei Dutzend Steinwurfmaschinen, mit denen es ausgerüstet war, eine anerkennenswerte Leistung. Dem Conte gelang aber noch mehr: Während des folgenden Schwertkampfes auf dem Schiff verwundete er Amurat am Bein und nahm ihn und die Überlebenden seiner Mannschaft gefangen. An Bord fanden sich auch entführte Christen, darunter drei Knaben, die als Schiffsjungen hatten arbeiten müssen.

Als frommer Kommandant eines Schiffs aus der päpstlichen Flotte und treuer Sohn der Stadt Osimo, übergab der siegreiche Held die erbeutete Türkenstandarte in einer feierlichen Zeremonie der heiligen Thekla, der Schutzpatronin der Stadt. 200 Jahre lang stellte man es für ein paar Monate jährlich zu Erinnerung an diese Heldentat im Dom aus. Heute hat es, im Zuge der Renovierungsarbeiten, einen dauernden Platz in der Nähe des Ehrenmals aus dem Jahre 1766 für Conte Guarnieri gefunden.

Der heilige Silvester Gozzolini und die vanitas

Auf dem Gelände von Dom und Diözesanmuseum liegt auch das Baptisterium des heiligen Johannes des Täufers, das nach Entwürfen aus dem 12. Jahrhundert erbaut wurde und in dem zwei hochbarocke Taufbrunnen von Pier Paolo und Tarquinio Jacometti stehen. Von den Giotto-Fresken, die einmal die Wände geschmückt haben, ist heute leider nichts mehr zu sehen.

Jedenfalls können wir davon ausgehen, das in diesem Baptisterium, wenn auch an einem anderen Taufbrunnen, der heilige Silvester Gozzolini getauft wurde, der im Jahre 1177 zu Osimo geboren wurde. Silvester war ein Zeitgenosse des heiligen Franziskus von Assisi, wenn auch sein Weg – trotz vieler Parallelen – ein anderer war als derjenige des „poverello" im nahen Umbrien – und er freilich ein weithin unbekannter Heiliger blieb.

Zunächst studierte er auf Wunsch seines ehrgeizigen Vaters Jura in Bologna und Padua, doch Silvester interessierte sich mehr für Theologie und die Heilige Schrift. In Padua machte er schließlich seinen Abschluss in Theologie. Der Zorn seines Vaters war enorm, und er ließ sich auch nicht besänftigen. Silvester sollte ihm nicht mehr unter die Augen treten, bis er endlich wieder bei Verstand wäre. Im Jahre 1217 wurde er im Dom von Osimo zum Priester geweiht. Silvester glühte vor Eifer für den Glauben und seinen priesterlichen Dienst, er predigte voller Leidenschaft und lebte streng nach dem Evangelium. Das ging ein paar Jahrzehnte lang gut und hätte auch noch weiter so gehen können, wenn es nicht zum Zerwürfnis mit dem Bischof gekommen wäre, der nach Silvesters Meinung nicht fromm genug war. Wie auch immer – bei der Beerdigung eines Freundes wurde Silvester der bereits verwesenden Leiche ansichtig, entsetzt erkannte er die vanitas der menschlichen Existenz und rief aus: „Er war, was ich bin! Und was er ist, werde ich sein!"

Der einzige Trost, den er in seinem Schrecken finden konnte, war die Aufforderung Jesu aus dem Evangelium „Wer mir nachfolgen will, der verleugne sich selbst, nehme sein Kreuz auf sich und folge mir." Seine bisherige priesterliche Nachfolge erschien ihm nicht mehr radikal genug. Nur noch für Gott wollte er leben, am besten als Einsiedler in einer Höhle bei der nahegelegenen Frasassi-Schlucht Richtung Landesinneres. Nur von Wasser und wilden Kräutern ernährte er sich, schlief auf dem blanken Boden und widmete sich ganz dem Gebet und der Askese.

In den folgenden drei Jahren verbreitete sich sein Ruf als ein Heiliger Gottes immer mehr und immer mehr Männer wollten so leben wie er. Mit der Einsiedelei war es somit schnell zu Ende – ähnlich verzweifelt muss der heilige Franziskus gewesen sein, weil man ihn einfach nicht mehr in Ruhe ließ und immer mehr und mehr junge Männer zu ihm strömten und eine Regel benötigten. Silvester gründete schließlich auf der Basis der Benediktinerregel seine Silvestriner.

Neben den Silvestrinern ist der Name der Stadt Osimo nicht nur durch den heiligen Joseph mit den Franziskanern verbunden. Seit zehn Jahren haben die Franziskaner der Immakulata die Leitung einer wunderschönen Kirche in Campocavallo di Osimo inne, die das wundertätige Bildnis der Sieben Schmerzen Mariae aufbewahrt.

Das Gnadenbild ist eine schlichte, aber eindrückliche Darstellung Mariens als Addolorata mit dem Leichnam Jesu auf dem Schoß, wie ihr sieben Schwerter durch das Herz dringen, ihre Augen in völliger Gottergebenheit zum Himmel erhoben. Die Schwerter sowie die Krone Mariens sind mit Halbedelsteinen plastisch aufgeführt. Don Giovanni Sorbellini, der Pfarrer von Campocavallo, hatte es in den Neunzigerjahren des vorletzten Jahrhunderts erstanden und in seinem Kirchlein zur Verehrung aufgehängt. Am 16. Juni 1892 begann die Addolorata während der Messfeier, die Augen zu bewegen. Das Wunder setzte sich in den nächsten Jahren fort. Die Madonna rollte derart oft und auffällig ihre Augen zum Himmel empor und wieder zurück, dass Don Sorbellini sich schließlich gezwungen sah, das Bildnis während der Feier des heiligen Messopfers mit einem Tuch zu verhüllen, weil die unablässigen Jubelrufe aus der Gemeinde den Ernst der Feier zu stören begannen.

Das wundertätige Bildnis benötigte einen angemessenen Sakralbau, soviel war klar. Am 10. Dezember 1892 wurde deshalb der Grundstein für das große Santuario B. V. Addolorata gelegt. Das Bildnis wird an einem erhöhten Platz hinter dem Hauptaltar aufbewahrt und zeigt Spuren von Beschädigung, da es, zuletzt 1976, von Dieben attackiert wurde, die es auf die Halbedelsteine abgesehen hatten. Jetzt wird es von einer Glasvitrine beschützt.

Der Orden der Francescani dell' Immacolata ist ein ausgesprochen junger Orden, gegründet 1970, seit 1990 mit einer eigenen Ordensregel. Dafür ist das Durchschnittsalter der Brüder und Schwestern auffallend niedrig, über Mangel an Berufungen hört man sie eher nicht klagen.

Die Francescani in Campocavallo zelebrieren, und das ist das Besondere, den für Italien noch relativ raren römischen Ritus in der außerordentlichen Form – und sie tun das ausgesprochen hingebungsvoll. An Werktagen als Frühmesse, an Sonn- und Feiertagen als Nachmittags- bzw. Abendmesse. Da die Zeiten für die Sonntage und Festtage immer wieder verändert werden, empfiehlt sich ein vorheriger Anruf im Santuario. Auf Italienisch lautet die geläufige Kurzbezeichnung für eine Messe in der außerordentlichen Form einfach „messa in latino". Mehr Informationen auf der Webseite *www.santuariocampocavallo.com*

Tolentino

Der Kreuzgang in Tolentino

Tolentino: Der lächelnde Stern der terra dei santi

Tolentinum picenum, so lautete der alte Name des Städtchens am Chienti-Fluss, dem ehemaligen Siedlungsgebiet der alten Picener. Tolentino besaß bereits einen zuverlässigen Stadtheiligen, den Märtyrer Flavius Julius Catervus aus vornehmer Senatorenfamilie, der unter Trajan die Tolentiner Bevölkerung christianisiert hatte, weshalb er den Märtyrertod sterben musste.

Betritt man die Altstadt, so empfängt den Besucher und Pilger bereits direkt bei der Stadtpforte die antikisierend wiederaufgebaute Kirche San Catervo, in welcher der beeindruckend Marmorsarkophag des Catervus aus dem 4. Jahrhundert aufbewahrt wird, der zu den künstlerisch bedeutendsten der Region zählt. Ihn zieren die Darstellungen vom Guten Hirten und von der Anbetung der Drei Könige.

Catervus ist heute nur noch der „gatekeeper" des Herzstücks der Stadt: der Basilika des heiligen Nikolaus, dessen Travertin-Fassade ein riesiger strahlender Stern schmückt. Der Stern, so heißt es, hat den Heiligen in den letzten Jahren seines Lebens begleitet. Er stieg über seinem Geburtsort Castel Sant' Angelo auf, wanderte über den Himmel und blieb immer über der Basilika stehen, wenn Nikolaus die heilige Messe feierte.

Castel Sant' Angelo, unweit von Tolentino, ist der Ort, an dem diese Geschichte beginnt. Genau genommen beginnt sie im weiter südlich gelegenen Bari: Einst unternahm ein kinderloses Ehepaar aus Castel Sant' Angelo eine Wallfahrt nach Bari, um dort auf die Fürsprache des heiligen Nikolaus die Geburt eines Kindes zu erflehen. Selbstverständlich boten die einfachen Leutchen dem großen Heiligen eine Gegenleistung an: Ordensmann oder Ordensfrau – ein Geschenk an die Kirche solle das ersehnte Kind einmal werden. Der Bischof von Myra fand dieses Abkommen so fair, dass er ihren Wunsch 1245 erfüllte und gleich noch ein Sahnehäubchen drauf setzte: Aus seinem „Patenkind" sollte einer der beliebtesten und geliebtesten Heiligen des italienischen Kirchenvolkes werden.

Das 13. Jahrhundert hat der Kirche zahlreiche Kirchenlehrer und Theologen, charismatische und entschiedene Bischöfe, und so große Heilige wie Franziskus von Assisi geschenkt. Thomas von Aquin, Bonaventura oder Albertus Magnus lehrten an den aufblühenden Universitäten, Mechthild von Helfta empfing ihre Visionen, die Kreuzzüge waren endgültig gescheitert. Es war das letzte Aufglühen vor den einsetzenden Wirren und dem Verfall von Papsttum und Kirche im 14. Jahrhundert mit dem großen abendländischen Schisma. Wie der Stern, der ihn begleitete, strahlt unser Nicola noch in dieses dunkle Jahrhundert hinein – als wollte er denen, die treu im Glauben stehen, ein Licht in der umfassenden Finsternis sein, die die Kirche zu überwältigen drohte.

Große persönliche Frömmigkeit zeichnet jeden Heiligen der katholischen Kirche aus, bei Bruder Nicola kamen von klein auf Herzensgüte, Mitleidensfähigkeit und große Demut hinzu.

Es ließ sich bestens an: Mit 15 Jahren trat der fromme Knabe sein Noviziat im Augustinerkonvent an und bereits in diesem zarten Alter erwies er sich als „stark in den Prüfungen, tüchtig in den Tugenden und heroisch in der Buße".

Nach seiner Priesterweihe durch den Bischof von Osimo und Cingoli im Jahre 1270 wurde er in einen Konvent bei Pesaro versetzt.

Tolentino

Feierte er die Messe, so liefen ihm jedes Mal Tränen über das Gesicht, vor allem bei der Wandlung, weshalb das Volk herbeiströmte, um Zeuge seiner Ergriffenheit und Hingabe zu werden.

Seine ganze Hinwendung galt nicht nur den Kranken und reuigen Sündern, sondern insbesondere den armen Seelen, die auf Erlösung aus dem Fegefeuer hofften. Dies geschah auf Intervention eines verstorbenen Mitbruders, der ihm eines Samstagnachts im Traum erschien und bat, die heilige Messe am Sonntag für die Verstorbenen zu feiern, damit er und alle anderen von ihren Qualen erlöst würden. Unser Nicola wusste, was sich für einen wahrhaft gehorsamen und demütigen Augustiner-Eremiten gehörte: Anstatt mit einem frommen Ausruf von der Pritsche zu schnellen, federnden Schrittes den Kreuzgang entlangzueilen und den Pater Prior aus seiner Zelle zu trommeln, um ihm von dieser wundersamen Möglichkeit, Seelen zu retten, enthusiastisch zu berichten, wog er eine Weile den Kopf. Schließlich gab er dem verzweifelten Entschlafenen zu bedenken, dass er die Konventsmesse zu singen habe – eine absolut unverhandelbare Verpflichtung –, und deshalb keine Messe für die Verstorbenen feiern könne.

Pater Pellegrino, die Erscheinung aus dem Fegefeuer, musste mit einer solch spröden Reaktion gerechnet haben, denn er beschloss, ganz auf Breitbild-HDTV und höchste Dolby-Audioqualität zu setzen: Er zeigte Nicola das Tal von Pesaro, angefüllt mit lauter Seelen von Verstorbenen, die in einem riesenhaften Fegefeuer brannten – Stanley Kubrick hätte es sicher nicht besser inszenieren können.

Nicola beeindruckte das Szenario insoweit, als er die Nacht im Gebet verbrachte und den Prior bat, eine ganze Woche lang die heilige Messe in der Fürbitte für die armen Seelen feiern zu dürfen. Sein Mitbruder erschien ihm abermals, um ihm zu danken und die

Tolentino

Gewissheit zu geben, er habe den größten Teil der Seelen aus dem brennenden Tal retten können.

Und so mehrte sich der Ruhm des jungen Nicola, dessen nächste Stationen Fano und Recanati waren, wo er ein totes Kind auferweckte, die Seele eines gemeuchelten Mitbruders aus dem Fegefeuer erlöste, die Kranken pflegte und die Verzweifelten tröstete.

1275 kam er nach Tolentino. Hier kümmerte er sich weiter intensiv um die Armen und Bedürftigen, während er sich selbst strengsten Bußübungen unterzog: Er war ein beliebter und milder Beichtvater, der zu gütig war, um seinen Beichtkindern schwere Bußen aufzuerlegen. Stattdessen büßte er für deren Verfehlungen und ruinierte sich nach und nach seine blühende Gesundheit. Niemand sah ihn jemals Fleisch, Eier, Fisch oder Obst essen. Stattdessen nahm er drei Gläser Wein mit Wasser vermischt pro Tag zu sich, wobei es vorkommen konnte, dass sich das Wasser in seinem Glas zu vorzüglichem Wein verwandelte.

Doch selbst ein großer Heiliger kann in den Zwiespalt zwischen Demut und Gehorsam geraten. Einmal erkrankte er so schwer, dass ihm der Tolentiner Arzt als stärkende Mahlzeit ein paar knusprig gebratene Rebhühner verordnete. Nicola hätte liebend gerne aus Gründen der Askese heroisch verzichtet, doch diesem Ansinnen stand die Weisung seines Priors entgegen, der ihm kurzerhand befahl, gefälligst alles bis auf das letzte Flügelchen aufzuessen. Nicola gehorchte stets und immer, wie sein Oberer wusste, dem letztlich an der Gesundheit seines Schützlings mehr gelegen war als an dessen spirituellen Obsessionen.

Nicola blickte auf den Teller, von dem es appetitanregend duftete, wendete dann den Blick gen Himmel und bat dringend darum, entsagen zu dürfen. Nach göttlicher Logik konnte es nur einen einzigen

Ausweg aus dieser Zwickmühle geben, der Nicola einerseits nicht des Ungehorsams schuldig machte und andererseits seine Bußübungen nicht torpedierte: Die Rebhühner wurden wieder lebendig – zutiefst verwirrt werden sie ihr kerrick-kerrick gekrächzt und sich dann Flügel schlagend in die Lüfte erhoben haben.

Wir dürfen vermuten, dass die heilige Muttergottes diese Auflösung zwar als äußerst elegant empfand, aber hinsichtlich des Gesundheitszustandes ihres Schützlinges nicht hinreichend wirkmächtig. Darum wies sie ihn in einer Vision an, frisch gebackenes Brot in Wasser zu tauchen und davon zu essen. Und Nicola genas auf der Stelle. Noch heute werden Nikolaus-Brötchen im Heiligtum gesegnet. Man taucht sie in Wasser und betet ein „Vater Unser", „Ave Maria" und „Ehre sei dem Vater", bevor man sie zu sich nimmt.

Der Gebäudekomplex des Heiligtums besteht aus der Basilika mit ihrer prächtig vergoldeten Kassettendecke, der Sakramentenkapelle aus dem 17. Jahrhundert und dem Glockenturm. Die beeindruckende, herrlich detailreiche Fassade errichtete der Florentiner Nanni di Bartolo von 1432 bis 1435. Neben dem Kirchenbau befindet sich das romanische Meisterwerk des um 1210 erbauten Kreuzganges mit herrlichem Glyzinien-Bewuchs.

Parallel zu Chor und Apsis der Basilika liegt die Kapelle, in der 450 Jahre lang die abgetrennten Arme des Heiligen verehrt wurden. Wie es dazu kam, ist nicht mehr eindeutig festzustellen. Gemäß einer alten Überlieferung soll ein deutscher Mönch namens Theodor Nicolas Arme amputiert haben, um sie nach Deutschland zu „entführen". Sogleich schossen aus den Wunden Ströme von Blut und zeigten so den Raubfrevel an. Während der Körper des heiligen Nicola sich gemäß den Naturgesetzen verhielt, erwiesen seine Arme sich als unverweslich. Mehr noch: Im Laufe der Jahrhunderte bluteten sie an die zwanzig Mal, im Jahre 1699 sogar ganze fünf Monate lang. Heute liegt der heilige Nikolaus in der Krypta des Heiligtums, in einem vergitterten Glassarg; die Arme in ihrer Silberhülle an der Stelle, wo sie hingehören.

Das ganze Ensemble ist von großer kunsthistorischer Bedeutung, doch die capellone genannte große Kapelle mit den gotischen Kreuzgewölben ist ein wahres Kleinod: Decke und Wände sind mit farbenprächtig leuchtenden Fresken aus der Giotto-Schule bedeckt, wie wir sie aus der Basilika in Assisi kennen. Das Gewölbekreuz schmücken Darstellungen der Evangelisten und Kirchenväter, die Wände zeigen Episoden aus dem Leben Jesu Christi, der Heiligen Jungfrau und dreizehn Szenen aus der Vita des heiligen Nikolaus von Tolentino mitsamt seinen aufsehenerregendsten Wundertaten: der Auferweckung des Mädchens Filippa aus Fermo von den Toten, die Rettung Schiffbrüchiger, eines zu Unrecht Verurteilten und Erhängten; zuletzt auf dem Sterbebett umgeben von Engeln und Heiligen. Als sein Todestag gilt der 10. September 1305.

In der Mitte des Raumes steht der Steinsarkophag aus dem Jahre 1474, in dem seine Reliquien bis zu seiner Umbettung in die moderne Krypta aufbewahrt wurden. Darauf steht eine Statue (um 1460), die ihn im Mönchsgewand darstellt, in der einen Hand ein Buch und in der anderen ein Stern mit einem lachenden Kindergesicht.

Für einen Besuch der Basilika des heiligen Nikolaus in Tolentino sollte man sich viel Zeit nehmen. Neben den Kunstschätzen und den Reliquien beherbergt das Heiligtum auch verschiedene interessante Sammlungen, wie etwa Votivtafeln, von denen die ältesten noch aus dem 14. Jahrhundert stammen. Die Abkürzung PGR, die oftmals aufgeschrieben ist, bedeutet „Per grazia ricevuta"– „Für die empfangene Gnade". Es gibt auch ein Keramikmuseum und eine Gemäldesammlung mit Werken von De Magistris und Carlo Crivelli. Ferner werden Paramente und Brokate sowie eine Krippensammlung

Tolentino

gezeigt. Auf keinen Fall sollte man die Diorama-Schau im Untergeschoss versäumen, die in zahlreichen detailverliebten und bezaubernd ausgeschmückten Guckkästen das Leben und Wirken des Heiligen nacherzählt.

Die Anrufung des heiligen Nikolaus von Tolentino empfiehlt sich allen Eltern für ihre Kinder und Enkel, für Menschen, die sich im Kampf gegen das Böse bewähren müssen, für die Verstorbenen und die armen Seelen. Für den Besuch des Heiligtums am 10. September kann man nach Anordnung von Papst Bonifatius IX. aus dem Jahr 1400 einen vollständigen Ablass gewinnen.

Unabhängig davon wirkt unser Nicola unermüdlich bis zum heutigen Tage noch Wunder. Und wer ihn an einem stillen Frühlings- oder Herbstabend besucht, sieht vielleicht sogar seinen lächelnden Stern über der Basilika stehen.

Matelica

Die selige Mattia in Matelica

Matelica: Die Heilungswunder der seligen Mattia Nazzarei

Matelica liegt schon tief in den Vorbergen zum Appenin, in der südmärkischen Provinz Macerata, inmitten einer Senke zwischen dem Monte San Vicino und dem Monte Gemmo, die das Flüsschen Esino durchfließt. Anders als die meisten Städtchen in der Region bietet es kein besonders einheitliches oder gut erhaltenes mittelalterliches Stadtbild, auch von der einstigen römischen Besiedlung ist nichts übrig geblieben. Während der im 12. Jahrhundert tobenden Fehden zwischen Ghibellinen und Guelfen wurde es mehrfach zerstört. Heute ist es vor allem für seinen Wein berühmt, der sich „Verdicchio di Matelica" nennt. Das DOC-Gebiet umfasst rund 230 Hektar Rebfläche. Zum Vergleich: Die benachbarte DOCG-Region „Verdicchio dei Castelli di Jesi" umfasst mehr als das Zehnfache an Terrain.

Bis vor einigen Jahrzehnten war Matelica auch für seine Gerber und seine wollverarbeitende Industrie bekannt. Aber seit dem Mittelalter schenkt das Städtchen auch der Kirche und der ganzen Menschheit Diener Gottes, Missionare, gute Bischöfe und Priester.

Am meisten verehren und lieben die Einwohner wahrscheinlich die selige Mattia, die ihr ganzes Leben lang in diesem Ort verbracht hat. Geboren am 1. März 1253 in eine vornehme und alteingesessene Familie Matelicas, die der Nazzarei, blieb sie ein Einzelkind und ihre Eltern tauften sie auf den Namen Mattia – Geschenk Gottes.

Im gleichen Jahr starb die heilige Klara von Assisi, nur wenige Tage nachdem Papst Innozenz IV. die Regel für ihren kontemplativen Frauenorden bestätigt hatte. Mattia war ein frommes Kind, das sich danach sehnte, sein Leben ganz Jesus Christus weihen zu dürfen. Ihr Vater hätte sie gerne mit einem wohlhabenden jungen Mann verheiratet, doch seine Tochter fühlte sich immer mehr zum kontemplativen Leben hingezogen. Fast jeden Tag besuchte sie die Kirche des Klosters Santa Maria Maddalena. Dabei reifte in ihr der Entschluss, dem Beispiel der heiligen Klara zu folgen und ihre Familie zu verlassen, um bei den Klarissen Zuflucht zu finden. Die Äbtissin war nicht besonders erfreut über diese Eigenmächtigkeit und versuchte zunächst, die junge Frau dazu zu bewegen, in ihr Elternhaus zurückzukehren. Doch Mattia blieb standhaft.

Sie weigerte sich, die Kirche zu verlassen, verharrte dort vor dem gemalten Kruzifix im Gebet, schnitt sich die blonden Zöpfe ab und bat Gott inständig um Hilfe. Die Äbtissin konnte dem Eifer und der Ernsthaftigkeit der neuen Postulantin wenig entgegensetzen und beschloss, es mit Mattia zu versuchen. Ungeachtet ihrer vornehmen Herkunft übernahm Mattia nun die niedrigsten Arbeiten und betete ohne Unterlass, häufig wachte sie die Nächte durch, um sich auf den Tag vorzubereiten, an dem sie ihre ewigen Gelübde ablegen und ihr ganzes Leben dem Herrn weihen würde.

Allen Anfechtungen widerstand sie durch intensives Gebet. Ihre tägliche Nahrung bestand aus Wasser und Brot, lediglich an Sonntagen nahm sie etwas Blattgemüse, ein paar Erbsen oder Bohnen zu sich. Mit ihrer bescheidenen Art, ihrer liebenswürdigen Redeweise und ihrem schlichten Auftreten erinnert sie an das Beispiel der Ordensmutter Klara von Assisi. Besonders für ihre Mitschwestern war sie ein Ansporn und echtes Glaubensvorbild. 1273 wurde sie zur Äbtissin gewählt und unter ihrer Obhut standen in den folgenden Jahren an die 50 Frauen, die sie auf dem Pfad der inneren Reinigung, der Entsagung und der Vertiefung in die Leiden Christi anleitete. Mattia heilte viele Kranke, einmal erweckte sie ein bewusstloses Kind aus seinem wochenlangen Dämmerzustand. Ein anderes Mal legte sie sehr praktische Fähigkeiten an den Tag, nämlich aus verdorbenem Wein wieder trinkbaren zu machen. Es ist übrigens nicht unwahrscheinlich, dass Dante Alighieri auf seinen Reisen durch Umbrien und den Marken die Bekanntschaft von Mattia gemacht hat und sie in seiner Göttlichen Komödie im Fegefeuer-Teil verewigt hat. Dort ist von einer Mattia oder Marcia die Rede, die selbst von Dante-Kennern bisher noch nicht eindeutig zugeordnet werden konnte.

Kurz nach dem Weihnachtsfest im Jahre 1319, Mattia war 66 Jahre alt und seit 46 Jahren Superiorin im Kloster, kündigte sie den Klarissen in Matelica ihren Heimgang an: „In dieser Nacht, zur Zeit der Matutin ist die letzte Stunde meines Lebens. Jetzt ist es Zeit, zum Vater zu gehen." Sie ermahnte die Schwestern, weiter im Gehorsam, der Armut und der Keuschheit zu leben und vor allem die Nächstenliebe zu beachten, die über allem stehe.

Sofort nach ihrem Tod, sie war noch nicht beigesetzt, setzten großartige Wunderheilungen ein. Ein Kind, das seit seiner Geburt so schwer verkrüppelt war, dass es sich nicht gerade aufrichten konnte, sondern beim Gehen fast mit der Stirn den Boden berührte, führte man an der Verstorbenen vorbei und es genas sofort. Auf Anrufung von Mattia verschwanden Geschwüre und Schmerzen. Kleine Kinder, die zuvor behindert erschienen, fingen endlich an, zu sprechen und zu laufen.

Über die Jahrhunderte hinweg half sie den Schwestern ihres Klosters, heilte Lähmungen, wies durch Klopfgeräusche auf eine Säule im Chor der Kirche hin, die einsturzgefährdet war, rettete Arbeiter, die das Kloster renovierten, vor tödlichen Unfällen. Im Jahre 1855, während einer Choleraepidemie, riefen die Einwohner von Matelica die Selige an und hielten Gebetswachen – die Stadt blieb verschont. Ob Tumore, Epilepsie, Lungenerkrankungen, Mattia hat vielen Menschen geholfen. Eine besonders zauberhafte Geschichte stammt aus dem Jahre 1920. Damals hatte man den Schrein von Mattia unter Anwesenheit eines Arztes geöffnet, der die Aufgabe hatte, vorsichtig ihr Gesicht und ihre Hände zu reinigen. Ein Jahr später erkrankte der Arzt an den Pocken. Sein Zustand war kritisch. Da erschien ihm im Traum die selige Mattia und sagte zu ihm: „Du hast mich so sorgfältig und liebevoll sauber gemacht, und nun mache ich dich wieder ganz rein." Nach dieser Traumvision wurde der Arzt in kürzester Zeit wieder vollständig gesund und konnte seine Praxis weiterführen. Die Geschichte bezeugte er vor der damaligen Äbtissin des Klosters, Mutter Giacinta Vecchi.

Auch in der jüngsten Geschichte setzen sich die Heilungswunder von Mattia fort und sie liegen bereits der Kommission für ihre Heiligsprechung vor. Da ist zum einen der Fall von Dottore D'Anna, ein Apotheker aus Neapel, aus dem Jahre 1987. Am 6. März sollte er mit einer Therapie gegen ein Karzinom in der Lunge beginnen, als einer guten Freundin seiner Familie die selige Mattia im Traum erschien, die die Krankheit des Mannes beschrieb und als Gegenmaßnahme das Auflegen einer Reliquie und das Einreiben mit geweihten Olivenöl aus dem Kloster empfahl. Der Zustand von Dottore D'Anna besserte sich mit fast sofortiger Wirkung, am Tage darauf konnte er bereits wieder zur Arbeit gehen. Folgeuntersuchungen der Lunge brachten keine negativen Befunde mehr. Weder ein Karzinom, noch Läsionen konnte die Medizin feststellen. Sämtliche beteiligten Ärzte konnten die Heilung von D'Anna medizinisch nicht erklären. 1991 bestätige die letzte Untersuchung die volle Funktionsfähigkeit seiner Lunge und die Abwesenheit von Zellveränderungen karzinogener Art. Alle Unterlagen wurden bei der Kommission für die Heiligsprechung eingereicht. Dottore D'Anna hat das Kloster in Matelica und die selige Mattia in Folge noch häufig besucht.

Auch für den jungen Andrea, der mit 14 Jahren an Leukämie erkrankt war, stand es schlecht. Die Chemotherapie griff nicht nur kranke, sondern auch gesunde Körperzellen an und die verzweifelte Mutter, die aus Fabriano stammte, erinnerte sich an die selige Mattia von Matelica und bat die Schwestern des Klosters, eine Gebetswache für Andrea vor dem Schrein abzuhalten. Am 28. Juni hatten die Ärzte den Zustand von Andrea noch als sehr ernst bezeichnet, nur zwei Tage später hatte sich das Blatt entscheidend gewendet.

Im Jahre 1991 erhielt Matelica mit seinen rund 10 000 Einwohnern Besuch von Papst Johannes-Paul II. Am 19. März betete er auch in der Kirche Beata Mattia Nazzarei vor dem Schrein der Klarissin und ehrte sie als große Kontemplative und Mystikerin.

Für die Einwohner von Matelica ist sie nun schon seit über 700 Jahren schlicht die „Selige", ihre „Beata". Im Jahre 2008 wurden neue Akten an die Kongregation für Heiligsprechung übergeben. Vielleicht hat über kurz oder lang Matelica eine Heilige, eine Santa, und sollte es dazu kommen, wird das Städtchen allen Grund für ein tagelanges Fest haben.

Ascoli Piceno und Offida

*Das Grabmal des heiligen Emygdius in der
Kathedrale Sant' Emidio in Ascoli Piceno*

Ascoli Piceno und Offida: Das Heiligtum des Emygdius und die Stadt der Spitzenklöpplerinnen

Was die heilige Agatha den Sizilianern, ist der heilige Emygdius den Mittelitalienern – der Nothelfer der Wahl bei Erdbeben, die auch das italienische Festland immer wieder erschüttern. 1972 wurde die Stadt Ancona fast dem Erdboden gleichgemacht. Viele erinnern sich noch an das Beben von 1997, das besonders Umbrien und Assisi traf, bei dem Franziskanermönche und Techniker in der Basilika des heiligen Franz von den herab fallenden Trümmern begraben wurden.

Am 6. April 2009 erschütterte nachts um 3:32 Uhr ein Erdstoß die Region Abruzzen um die mittelalterliche Stadt L'Aquila, der noch in Rom zu spüren war. Mehr als 290 Menschen kamen ums Leben, Schätzungen zufolge wurden rund 17 000 Menschen obdachlos. Wer die italienische Berichterstattung über die Katastrophe um L'Aquila verfolgte, dem fielen besonders die mutmachenden Bilder von Priestern, Mönchen und Nonnen auf, die selbstverständlich in den Zeltstädten Kranke, Alte und Kinder nach Kräften betreuten. Genauso wichtig wie die Einrichtung von transportablen Großküchen, Unterkünften oder Krankenstationen war die Einrichtung einer provisorischen Kapelle, das regelmäßige Weiterfeiern der heiligen Messe, um den Menschen, die nicht nur Hab und Gut sondern auch Verwandte, Freunde und Bekannte auf einen Schlag verloren hatten, seelsorgerischen Trost und Zuversicht geben zu können.

Von den deutschsprachigen Medien mit völligem Unverständnis betrachtet, bejubelten die traumatisierten Menschen nicht nur die Rettung von Alten und Kindern aus dem Trümmern, sondern auch die Bergung von unversehrt gebliebenen Marienstatuen und die Rettung der verschütteten La Perdonanza, der Ablassurkunde Papst Coelestins V., Gegenstand einer berühmten Wallfahrt nach L'Aquila. Dies waren Zeichen, an denen man sich inmitten der Zerstörung und der Not festhalten konnte. Zeichen, dass es weitergehen würde und der Tod nicht das letzte Wort haben würde. Als die Nachbeben einfach nicht enden wollten, griff Erzbischof Molinari zum letzten Mittel und ließ in einer feierlichen Prozession eine Statue des heiligen Emygdius durch die zerstörten Straßen von L'Aquila tragen. Emygdius hat geholfen – weitere Verheerungen blieben jedenfalls aus.

Emygdius, um das Jahr 250 in Trier geboren, wurde bekehrt und getauft und machte sich auf über die Alpen, um in Mailand zum Priester geweiht zu werden. Papst Marcellinus dachte wohl, dieser tiefgläubige Mann sei der richtige, um im Bistum Ascoli Piceno, in dem es drunter und drüber ging, für Ordnung zu sorgen. Tatsächlich gelang ihm dies, vielleicht mit einer wohldosierten Mischung aus Pfälzer Überredungsgabe und Charme sowie einem Schuss deutscher Gründlichkeit und Pragmatismus: Weil er einige Katechumenen an Ort und Stelle taufen wollte, aber kein Wasser bei sich hatte, ließ er kurzerhand eine Quelle entspringen.

Leider kam Diokletian mit seinen grausamen Christenverfolgungen wieder dazwischen und setzte der hoffnungsvollen Karriere des Jungbischofs ein gewaltsames Ende. Er wurde enthauptet – der Stein auf dem dies geschah wird heute noch im Tempietto di San Emidio rosso gezeigt – doch anstatt leblos niederzufallen und liegenzubleiben, erhob sich der heilige Emygdius, klemmte sich der Ordnung halber seinen abgeschlagenen Kopf unter den Arm und lief noch gut einen Kilometer weiter zu den Katakomben auf dem Campo Parignano, wo er bestattet werden wollte. Heute werden seine Reliquien in der Krypta der Kathedrale von Ascoli Piceno gemeinsam mit den

Ascoli Piceno und Offida

Überresten anderer frühchristlicher Märtyrer aufbewahrt. Damit ist die Geschichte des heiligen Emygdius allerdings noch nicht zu Ende.

Seine Verehrung nahm im Laufe der Jahrhunderte immer weiter zu und erreichte ihren vorläufigen Höhepunkt, als Ascoli Piceno auf seine Fürsprache hin vom gigantischen Erdbeben des Jahres 1703 verschont blieb, welches das rund 50 Kilometer Luftlinie entfernte L'Aquila fast vollständig zerstörte und über 5 000 Menschenleben forderte. Seit dieser Zeit findet man den deutschen Export-Heiligen aus Trier dargestellt, wie er einen bedrohlich zerfallenden Turm stützt, um diesen vor dem Einsturz zu bewahren.

Ascoli Piceno ist heute die Partnerstadt von Trier – natürlich. Auf der Piazza dell'Arringo steht die Kathedrale Sant' Emidio, ein ursprünglich romanischer Bau, der jedoch im Laufe der Jahrhunderte mehrfach umgestaltet wurde. Die großartige Fassade aus Travertin ist ein Werk des Architekten und Bildhauers Nicola Filotesio, genannt Cola dell'Amatrice, von Anfang des 15. Jahrhunderts. Unbedingt sehenswert ist das Altarbild von Carlo Crivelli aus dem Jahre 1473 in der Sakramentenkapelle an der rechten Seite des Kirchenschiffs. Es gilt als eines der schönsten Werke des Malers und zeigt in der Mitte die Madonna mit Kind, umgeben von Heiligen, im oberen Teil eine Kreuzabnahme. Alle Einzeldarstellungen sind umgeben von einem opulenten goldenen Rahmen. Um die Details besser zu erkennen empfiehlt sich die Mitnahme eines Opernglases. Besonders die Ornamente und Ausschmückungen, die der Maler an den Gegenständen und Gewändern mit ihren herrlichen Faltenwürfen ausgeführt hat, lassen sich so in ihren Einzelheiten erfassen. Großartig eingefangen sind auch die realistischen, von Trauer verzerrten Gesichtszüge der Beteiligten bei der Kreuzabnahme im Kontrast zum stillen, friedlichen Ausdruck auf dem Antlitz des toten Jesu. Ebenfalls in der Kapelle zu sehen ist ein silberner Altarvorsatz mit 27 Szenen aus dem

Leben Jesu, gefertigt im 15. Jahrhundert von einem Goldschmied aus den Marken.

Die Krypta bezeugt mit ihren romanischen Säulen eindeutig die Ursprungsepoche der Kathedrale. Ihr Herzstück ist der Sarkophag mit den Gebeinen des heiligen Emidio, darüber eine Marmorskulptur von Lazarro Giosafatti von 1728. Sie zeigt den Märtyrerbischof, wie er Polisia tauft, die Tochter des damaligen Statthalters von Ascoli Piceno. Polymius hatte Emidio aufgefordert, den Jupiter und die Stadtgöttin Angaria anzubeten. Außerdem bot er ihm seine Tochter Polisia als Braut an. Anstatt sie zu heiraten, bekehrte Emidio die junge Frau und taufte sie, was letztlich zu seiner Enthauptung führte.

Das ungewöhnlich geformte Gebäude neben der Kathedrale ist ein ehemals frühchristliches Baptisterium, errichtet auf römischen Überresten aus der Zeit des Augustus. In seinem Inneren findet sich noch ein Taufbecken, dessen Ausmaße darauf schließen lassen, dass die Christen des 5. Jahrhunderts hier die Taufe durch Eintauchen des ganzen Körpers ins Wasser praktizierten. Die heute sichtbaren Außenmauern des Gebäudes stammen aus späterer Zeit, vermutlich aus dem 10. oder 11. Jahrhundert. Obwohl der Grundriss des Baptisteriums quadratisch ist, erheben sich die Mauern in Form eines Oktogons. Von Kunsthistorikern wird es zu den architektonisch bemerkenswertesten Sakralgebäuden Italiens gezählt.

In Ascoli Picenos Altstadt gibt es noch viel Weiteres zu entdecken, etwa die gotische Hallenkirche San Francesco mit der angebauten Markthalle aus der Renaissancezeit auf der Piazza del Popolo oder die römischen Brücken Ponte di Cecco und Ponte Romana di Solestà. Eine Sache sollte man bei einem Besuch von Ascoli Piceno auf keinen Fall versäumen – eine Portion Olive all'ascolane zu essen. Das sind die besonders großen grünen Oliven der Sorte Tenera Ascolana, die mit einer würzigen Fleischfarce gefüllt, paniert und frittiert werden. Dazu schmeckt ein Rosso Piceno, neben dem Rosso Conero und dem Lacrima di Morro d'Alba der beliebteste DOC-Wein der Region.

Offida – die Stadt der Spitzenklöpplerinnen

Das bemerkenswerte Städtchen Offida sollte im Zuge einer Tour nach Ascoli Piceno unbedingt eingeplant werden, liegt es doch nur knapp eine halbe Fahrtstunde von der pizenischen Gründung entfernt. Nicht nur die reizende Lage des Städtchens auf einem Bergsporn, die für die Region ja nicht ungewöhnlich ist, spricht dafür. Für Kunsthistoriker und Freunde alter Handarbeitskunst ist Offida ein richtiges Schatzkästlein. Seit fast 600 Jahren stellt man hier exquisite Spitzen her und hat sich damit markenweit einen hervorragenden Ruf erworben. Bereits bei der Einfahrt in den Ort stößt man auf das Bronze-Denkmal am Brunnen: Eine alte und eine junge Frau sowie ein Mädchen sitzen vor ihren Klöppelkissen. Im Sommer wird diese Skulptur lebendig, dann sieht man die Frauen Offidas mit ihren Klöppelkissen auf den Gassen, vor den Häusern und auf den Plätzen, wie sie die exquisitesten Spitzendeckchen, -besätze, -taschentücher oder Vorhänge fertigen. In Offida ist man stolz auf die Bewahrung dieser meisterlichen Tradition und hat für die schönsten Werke ein eigenes Museum eingerichtet, das Museo del Merletto a Tombolo.

Im Jahre 1979 gründeten die Frauen eine wegweisende Kooperative mit dem Ziel, ihre nach ehrwürdiger Tradition produzierten Spitzen im Direktverkauf anbieten zu können. Und schließlich gibt es seit einigen Jahren immer im August den Wettbewerb „Der goldene Klöppel", mit vorgegebenen Themen für eine selbst entworfene und ausgeführte Handarbeit.

Ascoli Piceno und Offida

Doch auch für Kunst- und Kulturliebhaber hält Offida noch zwei Sahnestücke bereit. Das ist der Palazzo Comunale, also das Rathaus, das nicht nur als das schönste in den Marken, sondern gleich von ganz Italien gilt. Bögen über Bögen, eine Loggia, die von einer Galerie gekrönt wird, das ganze übersät von Zinnen und, an den Bau angefügt, noch ein Säulengang aus dem 15. Jahrhundert. Im Inneren des Palazzo Comunale ist ein archäologisches Museum untergebracht, unter anderem mit Grabbeigaben aus der Zeit des 7. bis 9. Jahrhunderts.

Ein weiteres architektonisches Kleinod ist die kühn auf einem Felssporn erbaute Kirche Santa Maria della Rocca mit ihrer eigenwillig-gedrungenen Krypta aus Backsteinpfeilern im lombardischen Stil. Die Malereien stammen hier wie auch im oberen Kirchenschiff vom unbekannten „Meister aus Offida", sie stellen die mystische Hochzeit der heiligen Caterina mit ihrem Bräutigam Jesus sowie den heiligen Christopherus mit der Gottesmutter und dem Kind dar. Weitere Fresken des Meisters finden sich in der linken Kapelle mit der auffälligen Rinne in der Sandsteinabdeckung des Altares – man geht davon aus, dass es sich um einen alten heidnischen Opferstein handelt; die Rinne diente zum besseren Ablauf des Blutes. An den Wänden sehen wir die heilige Katharina von Alessandrien, eine Verkündigungsszene und eine der ikonografisch raren milchgebenden Madonnen (Madonna del Latte). Die Jungfrau mit dem Jesuskind und dem heiligen Augustinus stammt von Ugolino di Vanne aus Mailand, wohl ein Zeitgenosse des Meisters aus Offida, welcher wiederum die rechte Kapelle bemalt hat. Dort ist die heilige Lucia zu sehen, eine Kreuzigung, die Krönung der Jungfrau im Himmel und der Evangelist Johannes. Im oberen Kirchenschiff dann noch eine Kreuzigung und Grablegung Jesu. Die Madonna del Latte mit dem heiligen Sebastian stammt von Fra Marino Angeli, der sich um das Jahr 1423 in Offida aufgehalten haben soll. Die Kirche kann man leider nur an Wochenenden und Festtagen besichtigen.

In Sant'Agostino hinter dem Rathaus wird dazu noch das zweite eucharistische Wunder, das sich in Lanciano ereignet hat, verwahrt und jedes Jahr am 3. Mai, zum Fest der Auffindung des heiligen Kreuzes, gezeigt. Dieses Wunder ist nicht ganz so bekannt wie das erste, das sich um das Jahr 750 abgespielt hat und im Santuario del Miracolo Eucaristico in Lanciano noch heute gezeigt wird. Rund 500 Jahre später trug sich dort folgendes zu: Ricciarella und ihr Mann Giacomo, ein einfacher Fuhrmann, stritten sich ständig. Vielleicht war es der harte Broterwerb, dem Giacomo nachgehen musste, um die Familie durchzubringen, vielleicht hielt er sich zu lange und zu oft in den Osterien bei seinen Saufkumpanen auf, anstatt sich um seine Frau und seine Kinder zu kümmern. Wenn er dann nach Hause kam, suchte er nur noch Streit und wurde handgreiflich. Ricciarella sucht Rat bei einer „strega", einer Hexe.

Übrigens keine mittelalterliche Spezialität – Magier, Hexen, Kartenlegerinnen inserieren im Italien des 21. Jahrhunderts in Tageszeitungen, ihre Dienste werden gerne in Anspruch genommen. Sogar auf Brötchentüten findet man Empfehlungen für Wahrsager und Hellseherinnen, die 100-prozentigen Erfolg – gegen gutes Geld natürlich – bei der Rückführung untreuer Ehemänner oder beim Verfluchen verhasster Rivalinnen versprechen. Don Gabriele Amorth, der international bekannteste italienische Exorzist, beruft sich in Interviews immer wieder auf eine Studie, die die Jesuitenzeitschrift Civiltà Cattolica vorgestellt habe, wonach etwa 12 Millionen Italiener Kartenleser, Zauberer, Hexen und Wahrsager konsultierten. Was immer an dieser Zahl dran sein mag, auf italienischen Beichtspiegeln zur Gewissensbefragung findet man deutlich häufiger als auf den deutschsprachigen den Punkt „Habe ich an einer spiritistischen Sitzung teilgenommen oder einen Wahrsager konsultiert?" gelistet. Nur am Rande sei für Kenner des italienischen Fahrstils angemerkt, dass sich auf Beichtspiegeln auch häufig die signifikante Frage findet: „Bin ich riskant Auto gefahren?"

Zurück zur unglücklichen Ricciarella: Die strega trug ihr auf, eine geweihte Hostie zu entwenden – was bedeutet, dass sie eigentlich eine fromme Frau gewesen sein muss und zur Kommunion zugelassen war. Das wiederum bedeutet, dass dieser Frevel umso schlimmer war, weil sie genau wusste, was sie tat. Die geweihte Hostie sollte sie zuerst rösten und dann ihrem Mann unter das Essen mischen. Und weil die Kokosmakrone noch nicht erfunden war, mit der man dies unauffällig hätte bewerkstelligen können – abgesehen davon, dass sie ihren Mann auch einfach zur heiligen Messe hätte schicken können – legte sie die Hostie zuerst auf einen Tonziegel übers Feuer. Doch oh weh! Die Hostie verwandelte sich in ein Stück Fleisch und hörte überhaupt nicht mehr auf zu bluten. Zuerst warf die verstörte Frau Asche darauf, als das nichts half, packte sie das nächst beste Tischtuch und wickelte den blutverschmierten Ziegel mitsamt der in Fleisch verwandelten Hostie darin ein. Dann eilte sie hinunter in den Stall, um das Zeugnis ihres Frevels unter einem Haufen Stroh zu vergraben.

Am Abend, als Giacomo von seinem Tagwerk heimkehrte und seinen Esel ausspannte, um ihn in den Stall zu führen, scheute das Tier und war kaum dazu zu bringen, die Schwelle zu übertreten. Erst mit vielen Tritten und Schlägen konnte Giacomo sein Lasttier hinein bugsieren, doch anstatt sich sofort über das bereitgelegte Futter herzumachen, kniete der Graue nieder und zeigte mit der Schnauze fortwährend in eine Richtung – die Richtung, in der Ricciarella das Allerheiligste vergraben hatte. Der Haussegen hing also wieder einmal schief. Und weil sich das Schauspiel Abend für Abend wiederholte und Giacomos Naturell dadurch nicht gerade sanftmütiger wurde, grub seine Frau das komplette Paket wieder aus und brachte es zu ihrem Beichtvater, der alles an sich nahm und nach Offida brachte. Dort erstattete er seinem Oberen Bericht, der erkannte eindeutig ein Wunder und beschloss die Aufbewahrung des Päckchens in der Augustinerkirche.

Das Kreuz, das man einige Jahrzehnte danach bei einem venezianischen Goldschmied in Auftrag gab, um die Reste der wundertätigen Hostie aufzubewahren, befindet sich heute noch dort, zusammen mit dem blutbefleckten Tischtuch, welches einwandfrei aus dem 13. Jahrhundert stammt, und dem alten Ziegel. Die Reliquien werden, wie bereits erwähnt, nur einmal im Jahr, an jedem 3. Mai, öffentlich präsentiert. In alter Zeit rief man zu diesem Anlass zwei Wochen lang einen großen Markt mit zugehörigem Marktfrieden aus, Schulden wurden erlassen, anreisende Händler waren von Zollzahlungen befreit und die Frauen des Ortes hielten in der Nacht zuvor eine Gebetswache ab. Der Festtag selbst wurde mit Reiterwettkämpfen und Prozessionen begangen, Händler wie Pilger bekannten ihre Sünden und nutzten die Gelegenheit, um sowohl ihre Schätze im Himmel als auch diejenigen auf Erden zu vermehren. Gute alte Zeit.

Cascia und Norcia

Blick auf Roccaporena bei Cascia

Cascia und Norcia: Der Fels des Gebets und die Wiege des Abendlandes

Zusammen mit ihren männlichen Kollegen Padre Pio und Antonius von Padua bildet Rita von Cascia die Troika der volkstümlichsten Heiligen Italiens. Die heilige Rita wird hauptsächlich in hoffnungslosen Fällen angerufen, und wie es scheint, hat sie in dieser Spezialrubrik schon Spektakuläres bewirken können.

Geboren als Margherita Lotti um 1381 im Gebirgsnest Roccaporena, unweit von Cascia, war das fromme Mädchen im Alter von zwölf Jahren mit einem brutalen Tyrannen verheiratet worden, obwohl sie eine Berufung für das Ordensleben verspürte. Fast zwei Jahrzehnte lang erduldete sie seine körperlichen und seelischen Übergriffe voller Demut und in aufopfernder Geisteshaltung als Prüfung Gottes. Ihre Mühen machten sich bezahlt: Als ihr Mann einem politisch motivierten Attentat zum Opfer fiel, hatte er sich kurz zuvor noch bekehrt.

Doch nun schworen ihre Söhne Blutrache, und sie ließen sich davon weder durch Flehen noch durch Hinweise auf das Strafgericht Gottes abbringen. In allerhöchster Not bat Rita den Allmächtigen, er solle ihre beiden Söhne lieber zu sich nehmen, als sie diese große Sünde begehen zu lassen. Tatsächlich starben beide Söhne, bevor sie ihr Vorhaben ausführen konnten, binnen eines Jahres an einer Infektionskrankheit, nachdem sie ihre Sünden bereut und die Wegzehrung empfangen hatten.

Rita wäre nach der Trauerzeit gerne in den Augustinerinnenkonvent von Cascia eingetreten, deren Regel schrieb aber vor, keine verwitweten Frauen aufzunehmen. Jetzt konnte nur noch ein Wunder helfen. Dafür sorgte ein nie da gewesenes, massives Aufgebot von drei Heiligen – es waren Johannes der Täufer, der heilige Nikolaus von Tolentino sowie der heilige Augustinus höchstselbst, die ihr eines Nachts erschienen und sie auf wunderbare Weise in die verschlossene Konventskapelle geleiteten, wo die erstaunten Augustinerinnen sie am frühen Morgen fanden. Nun kann man schlecht eine Ordensregel aufrechterhalten, gegen die der eigene Gründer opponiert. Rita wurde also im Konvent aufgenommen und war am Ziel ihres Lebens. Als sie darum bat, die Leiden Jesu teilen zu dürfen, bohrte sich ihr in einer mystischen Vision ein Dorn der Dornenkrone Jesu in die Stirn. Die Wunde blieb 15 Jahre lang offen.

Kurz vor ihrem Tod, sie starb mit 76 Jahren, erhielt sie noch einmal eine großartige Vision, in der sie Jesus Christus zusammen mit der heiligen Gottesmutter sah. Als sie starb, verbreitete sich paradiesischer Wohlgeruch im Sterbezimmer und die Glocken der Kirchen im Ort läuteten von selbst – wie von Engelshänden betätigt. Doch jetzt fing ihre Arbeit erst richtig an! Besonders für Frauen ist die heilige Rita eine beliebte Ansprechpartnerin, war sie doch in ihrem Leben nicht nur Nonne, sondern auch Ehefrau und Mutter. Unangefochten ist ihr hoher Status als Heilige für aussichtslose Situationen, weitaus beliebter und populärer als Judas Thaddäus, aber vielleicht ist der bisher nur zu wenig angefragt worden.

Als man 150 Jahre nach ihrem Tod, im Zuge des Seligsprechungsprozesses, 1627 ihren hölzernen Sarkophag öffnete, fand man ihren Körper unversehrt, und das, obwohl ungünstige Bedingungen geherrscht hatten und Holz weitaus mehr Luft und Feuchtigkeit einlässt als ein gemauerter Sarkophag. Nach der Umbettung in einen Glasschrein ging es richtig los: Die heilige Rita soll ihre Augen geöffnet haben, sie soll ihre Position mehrfach verändert haben, ja, sie soll sogar abgehoben sein in ihrem Schneewittchensarg und bis zum

Deckel empor geschwebt sein. Die Aufzeichnungen von Zeugenaussagen dazu finden sich in den Archiven des Erzbistums Spoleto.

In letzter Zeit soll sie sich aber ruhig verhalten haben. Sie liegt heute in der linken Seitenkapelle der modern gestalteten Wallfahrtskirche aus den 1930er Jahren. Ihren Glassarg ummantelt ein prächtiger Schrein und goldene Engel bewachen ihn. Seine eigenwillige Gestaltung erinnert an die Schlafkapsel eines Raumschiffes, in dem Astronauten der Zukunft ihre jahrhundertelangen Reisen durch den interstellaren Raum überbrücken. Nur, dass die heilige Rita nicht den Landeanflug erwartet, sondern die Wiederkunft des Herrn.

Im unteren Teil der Kirche wird ein eucharistisches Wunder aufbewahrt, das sich 1330 in Siena zugetragen hat. Dort wollte einmal ein Priester die Krankenkommunion austeilen, aber weil er es eilig hatte und ziemlich nachlässig war, schob er die konsekrierte Hostie einfach zwischen die Seiten seines Brevierbüchleins. Als er es im Hause des Kranken wieder öffnete, fand er Hostie und die Papierseiten blutverschmiert.

Der Priester erschrak und ging zu seinem Beichtvater ins dortige Augustinerkloster, dem seligen Simone Fidati, um ihm das Wunder vorzuweisen. Der selige Simone, etwa 1285 in Cascia geboren, ein gelehrter Mann und beliebter Seelsorger, nahm dem Mann die Beichte ab, erteilte die Absolution und bat darum, die Papierseiten mit der Hostie behalten zu dürfen. Papst Bonifaz IX. erklärte das Wunder im Jahre 1389 für echt. In Cascia ist eine der beiden Seiten mit der Hostie zu sehen. Die Reliquien des Seligen liegen in einem Sarkophag daneben.

Direkt neben der Kirche befindet sich das Kloster aus dem 12. Jahrhundert. Man kann es besichtigen und es bietet ebenso interessante wie malerische Einblicke in das mittelalterliche Klosterleben.

Etwa 50 Augustinerinnen leben, arbeiten und beten auch heute noch hier, deshalb umfasst der Besucherrundgang nur einen kleinen, den ältesten Teil des Konvents.

Zunächst gelangt man in den historischen Innenhof, an dessen Südseite ein uralter Weinstock wächst, der weiße Trauben trägt. Es ist der Weinstock der heiligen Rita, von dem man erzählt, dass er aus Ritas unbedingtem Gehorsam erwuchs. Die Mutter Oberin hatte ihr nämlich einmal befohlen, einen dürren Stock, den sie in die Erde gesteckt hat, regelmäßig zu gießen. Eine sinnlose Anweisung, die Rita jedoch gewissenhaft ausführte. Eines Tages begann der Stock auszuschlagen und frisch zu ergrünen, als göttlicher Lohn für ihre Fügsamkeit und Beharrlichkeit. Außerdem nisten in den Klostermauern aus bisher unerklärlichen Gründen besonders viele Mauerbienen, die Bienen der heiligen Rita. Wie eine Kindheitslegende berichtet, soll sich, als sie einmal in der Wiege lag, ein Schwarm Bienen auf ihrem Gesichtchen niedergelassen haben, ohne sie zu verletzen.

Neben dem Rebstock befindet sich der Eingang zur alten Kapelle, in der die verblüfften Schwestern eines Morgens Rita vorfanden. Sie ist heute geschmückt mit Gemälden zu Szenen aus Ritas Leben.

Vom Innenhof geht es über Treppen hinauf zum Oratorium, ein kleiner Raum mit einem schlicht gemachten Fresko des Gekreuzigten. Gemäß der Überlieferung hatte Rita vor diesem Bildnis die mystische Vision, nach der sie 15 Jahre lang eine Stirnwunde von einem Dorn der Dornenkrone trug.

Im historischen Teil des Klosters wird auch der Schrein aufbewahrt, in dem die Reliquien der Heiligen von 1745 bis 1930 gezeigt wurden, außerdem ihr Ehering und ihr Rosenkranz. Daneben befindet sich die Kammer, in der sie lebte und starb, mit ihrem Schleier und ihrem Habit. Im Vordergrund der Holzsarg, in dem sie ursprünglich lag, mit wunderschönen Bemalungen aus dem 15. Jahrhundert. Der Besucherrundgang führt zuletzt am klostereigenen Rosengarten vorbei, der uns daran erinnern soll, dass Gott die Dornensträucher in unserem Leben zu blühenden Rosen verwandeln kann.

Kunsthistorisch Interessierte sollten in Cascia noch die Kirche San Francesco besichtigen mit einem Fresko aus dem 15. Jahrhundert von Nicola da Siena und einem Altarbild von Pomercio sowie das Museum im ehemaligen Konvent von Sant' Antonio Abate mit dem Passionsfresko von Nicola da Siena. Vom gleichen Künstler findet sich in der Kirche Santa Maria eine sehenswerte Grablegung.

Bei einer Pilgerfahrt nach Cascia sollten Sie unbedingt den Besuch von Roccaporena mit dem Geburtshaus der heiligen Rita einschließen. Direkt unterhalb von Cascia, auf der Straße Richtung Norcia, geht die Abzweigung nach Roccaporena ab. In wenigen Fahrtminuten erreicht man das Bergdorf, das ein spektakulärer, etwa 120 Meter hoher Felsen beherrscht, auf dessen Gipfel sich eine Kapelle befindet. Nach der Besichtigung des Geburtshauses der Heiligen und der Kirche, in der sie getraut wurde, folgt nun die Kür für jeden Pilger auf Ritas Spuren: Der Aufstieg zum „Scoglio della preghiera", einer kleinen, natürlich geformten Steinschanze auf dem Gipfel des imposanten Felskegels. Der gut ausgebaute Weg führt in Serpentinen hinauf und wird von den Stationen des Kreuzweges in 14 Abschnitte unterteilt. Es ist beeindruckend zu sehen, wie selbst ältere Menschen den anstrengenden Aufstieg in Angriff nehmen, sich oben an der Quelle mit herrlich frischem Wasser stärken und den fantastischen Ausblick genießen, bevor sie in der Kapelle, die den eigentlichen Gebetsfelsen umschließt, Lieder singen, Rosen niederlegen und Gebete sprechen. Hier oben soll Rita sich häufig aufgehalten haben, um ganz nahe bei Gott zu sein, wenn ihre familiären Verhältnisse sie bedrückten. Es ist ein besonderer Ort, voller Energie und Majestät, den sie sehr geliebt haben muss.

Cascia und Norcia

Wo die Wiege des Abendlandes steht und die besten Metzger von Mittelitalien zu Hause sind – Norcia an den Hängen der Monti Sibillini

Kaum zwanzig Kilometer entfernt von Cascia liegt Norcia, umgeben von seiner mittelalterlichen Stadtmauer mit ihren acht Toren. Auf Norcias zentralem Platz, der Piazza San Benedetto, stand im Wortsinne die Wiege des Abendlandes. Denn Norcia ist gemeint, wenn im Namenzusatz des heiligen Benedikt von Nursia die Rede ist. Hier wurde er um das Jahr 480 zusammen mit seiner Zwillingsschwester Scholastika als Sohn einer vornehmen Familie geboren, aber schon in frühen Jahren zur Erziehung nach Rom geschickt. Der heilige Benedikt wird zu Recht als „Vater des abendländischen Mönchtums" bezeichnet, er hat den ältesten europäischen Mönchsorden nach einer Zeit als Einsiedler in den Bergen bei Subiaco auf dem viel zitierten Motto „Ora et labora" begründet. Doch seine Bedeutung reichte weit über das Feld der Spiritualität und der Entwicklung der ersten Mönchsregel für die westliche Kirche hinaus.

„An der Wende vom 5. zum 6. Jahrhundert wurde die Welt von einer schrecklichen Krise der Werte und Institutionen erschüttert, die durch den Zusammenbruch des Römischen Reiches, dem Eindringen der neuen Völker und dem Verfall der Sitten verursacht worden war ...", beschreibt Papst Benedikt XVI. in der Generalaudienz vom 9. April 2008 die zeitgeschichtliche Konstellation, in die sein Schutzpatron hinein geboren wurde. Das Werk des Heiligen und vor allem seine Regel wurden, so der Papst weiter, zum geistlichen Sauerteig, „der weit über die Grenzen seiner Heimat und seiner Zeit hinaus das Antlitz Europas veränderte, in dem er nach dem Zerfall der politischen Einheit, die durch das Römische Reich geschaffen worden war, eine neue geistliche und kulturelle Einheit hervorbrachte, nämlich jene des christlichen Glaubens, den die Völker des Kontinents teilten. Gerade so entstand die Wirklichkeit, die wir „Europa" nennen."

Es waren die Benediktinermönche, die nach den Verheerungen der Völkerwanderung das Erbe der Antike retten konnten. In ihren Klöstern hüteten sie nicht nur philosophische und spirituelle Schriften, sie bewahrten auch das Wissen um Kulturtechniken wie die Urbarmachung von Land, die Trockenlegung von Sümpfen, den Acker- und Weinbau, die Bierbraukunst, die Fischzucht und die Tierhaltung, Lesen und Schreiben, das Kalenderwesen und das medizinische Wissen der damaligen Zeit. Es waren Inseln der Zivilisation in einem Meer von Verheerung, Unglaube und Barbarei. Doch diese Inseln nahmen noch zu Lebzeiten von Benedikt stetig in ihrer Zahl zu und schufen unermüdlich das Fundament für eine aufblühende Kultur – das christliche Abendland mit all seinen Errungenschaften wie Universitäten, Architektur, Musik, Menschenrechten und Justizwesen, medizinischem und technischem Fortschritt. Die kulturelle, spirituell geprägte Identität eines ganzen Kontinents, die heute leider mehr und mehr droht, verlorenzugehen.

Über das Leben des heiligen Benedikt informiert uns vor allem Gregor der Große in seinem zweiten Buch der Dialoge, das nur fünfzig Jahre nach dem Tod des Heiligen entstand. Darin versammeln sich viele wundersame Legenden. Die eindruckvollste berichtet, wie ihn die Mönche von Vicovaro einluden, ihr Abt zu werden und ihre Gemeinschaft zu führen. Die Regeln, die Benedikt aufstellte, empfanden sie jedoch als derart unzumutbar, dass sie ihm eines Tages einen vergifteten Kelch überreichten. Benedikt schlug das Kreuz darüber, bevor er daraus trank, woraufhin das Gift in Gestalt einer schwarzen Schlange entwichen sein soll. Ein anderes Mal war es vergiftetes Brot, das man ihm verabreichte. Bevor er jedoch davon essen konnte, trug es ein Rabe in seinen Fängen davon.

Cascia und Norcia

Eine weitere Geschichte erzählt von der tiefen Verbundenheit der Zwillingsgeschwister Benedikt und Scholastika, sowohl füreinander, wie auch in ihrer gemeinsamen Hingabe an Gott. Die heilige Scholastika wohnte zwar in der Nähe des Klosters Montecassino, doch Benedikt besuchte sie immer nur ein Mal im Jahr und auch nie über Nacht, um nicht seine eigene Regel zu verletzen. Kurz bevor sie starb, war es wieder Zeit für einen Besuch ihres Zwillingsbruders. Als er am Abend zur Rückkehr ins Kloster aufbrechen wollte, bat Scholastika, die ihren bevorstehenden Tod vermutlich ahnte, Gott um ein Unwetter, damit sie ihn unbesorgt noch bei sich behalten könne. Ihr Wunsch wurde prompt erfüllt. Es brach ein derart mächtiger Sturm mit Wolkenbrüchen und Gewittern herein, dass ihr noch ganze drei Tage mit ihrem geliebten Bruder geschenkt wurden, die sie mit angeregten Gesprächen und im gemeinsamen Gebet verbrachten, bis sie starb. Von Benedikt hieß es, er habe die Seele seiner Schwester als Taube in den Himmel aufsteigen sehen. Und weil er jetzt nicht mehr auf sie verzichten wollte, begrub er sie in dem für ihn vorgesehenen Grab im Kloster Montecassino.

Benedikts Geburtsstadt Norcia ehrt ihren großen Sohn mit einer würdevollen Statue auf einem der schönsten Plätze Italiens, der Piazza San Benedetto. Eingegrenzt wird er vom Palazzo Comunale mit seinem Uhrturm aus dem Jahre 1713, dem Santuario des heiligen Benedikt und der Castellina, einer Renaissance-Festung en miniature, die heute für Ausstellungen genutzt wird. Bevor man das Santuario betritt, sollte man die auf der rechten Seite angebaute Loggia dei mercanti, der Marktleute, mit ihren steinernen Hohlmaßen für Getreide, Hülsenfrüchte oder Öl besichtigen.

Über dem Portal der Kirche San Benedetto steht links Scholastika, ihr Bruder sitzt rechts im Bischofsornat. In der Lünette verehren zwei Engel die Gottesmutter mit dem Kind, darüber findet sich eine der typischen filigranen Fensterrosetten dieser Gegend. Die einschiffige

Oberkirche wurde im 18. Jahrhundert renoviert. Sehenswert ist hier vor allem das Altarbild in der linken Seitenkapelle von Filippo Napoletano aus dem Jahre 1621, das den heiligen Benedikt mit dem vor ihm knienden Gotenkönig Totila zeigt.

Zur eigentlichen Herzmitte des Santuarios gelangt man über den Zugang zur Krypta. Links geht ein Gang zu einer Seitenkapelle, in der sich die freigelegten Überreste des Geburtshauses von Benedikt und Scholastika finden. Es ist datiert auf das 1. und 2. Jahrhundert mit Erweiterungen im Jahre 450. In der Krypta selbst singen die Benediktiner von Norcia, die das Heiligtum betreuen, das lateinische Stundengebet und feiern täglich die heilige Messe in der außerordentlichen Form. Nach der Vertreibung der Mönche durch die napoleonischen Truppen im Jahre 1810 hat es fast 200 Jahre gedauert, bis sich am Geburtsort des Ordensgründers – im Jahr 2000 – wieder eine monastische Gemeinschaft konstituierte. Die kleine Gemeinschaft ist international, die Mönche sind jung, derzeit gibt es zwei Novizen. Ihnen ist bewusst, dass sich die abendländische Zivilisation in einer tiefen Krise befindet – gekennzeichnet von schleichender Apostasie und Verleugnung ihrer christlichen Wurzeln. Darum lautet ihr Motto: „Was der heilige Benedikt zu seiner Zeit geleistet hat, müssen wir auch in der heutigen Zeit tun." Die Mönche von Norcia bieten auch Gastfreundschaft und Unterkunft für männliche Besucher. Mehr Informationen dazu auf der Seite *www.osbnorcia.org*

Frauen wenden sich an die Benediktinerinnen von San Antonio Abate in der Via delle Vergini 13. Die Benediktinerinnen betreiben in der Sommersaison auch ein beliebtes Restaurant mit Spezialitäten der regionalen Küche und Produkten aus eigenem Anbau oder von ausgesuchten Erzeugern.

Norcia liegt direkt am Nationalpark der Sibillinischen Berge, einer zauberhaft unberührten Gebirgswelt, die sich hervorragend zum

Wandern eignet. Der Fernwanderweg Grande Anello dei Sibillini erlaubt es, das ganze Gebiet in etwas mehr als einer Woche zu umrunden.

Auf seiner circa 70 000 Hektar großen Fläche versammeln sich über 50 000 schützenswerte Pflanzen und Tiere sowie interessante historisch-architektonische Denkmäler. Ihren ungewöhnlichen Name verdanken diese Berge einer alten Sage, nach der eine Seherin, eine Sibylle, in einer Höhle dort geweissagt haben soll.

Im 14. Jahrhundert zog es viele Schwarzmagier, Philosophen, Weisheitssucher, Ritter und Bauern hinauf zum Monte Sibilla, in die Grotta delle Fate. Es hieß, wer sich nach einem Jahr Aufenthalt in der Höhle nicht vom Zauber der Sibylle lösen konnte, musste bis zum Jüngsten Tag dort ausharren. Von Mythen umrankt ist auch der Monte Vettore mit dem auf circa 2 000 Meter Höhe befindlichen Pilatus-See: Der Leichnam des Statthalters von Jerusalem soll auf seiner Heimreise nach Rom mitsamt Ochsenkarren in diesen See gestürzt sein. Wie auch am Schweizer Pilatus-See mit ähnlicher Legende ist es streng verboten, Steine in den See zu werfen, da dies böse Unwetter heraufbeschwöre. Mittelalterliche Chroniken berichten davon, die Einwohner von Norcia hätten im Pilatus-See noch Schwerverbrecher ertränkt, um die bösen Geister zu besänftigen. Auch für die okkulten Wallfahrer zur Schicksalshöhle bot der Pilatus-See seinen Reiz. Bis dem zuständigen Bischof das Treiben zu bunt wurde, er die Wege zum See sperren, einen Galgen am Ufer des Sees aufstellen und die Grotta delle Fate vermauern ließ.

Doch der mystische Ruf dieser Berge blieb ungebrochen, bereits im 15. Jahrhundert zog es wieder Mystiker und Okkultisten aus ganz Europa zu ihnen hinauf. Heute ist die ganze Region, insbesondere aber der Pilatus-See, in dem vor einigen Jahrzehnten ausgestorben geglaubte Kleinkrebse entdeckt wurden, ein Eldorado für Tier- und

Pflanzenforscher. Noch ein Grund mehr, nicht mutwillig Steine in den See zu werfen. Der Nationalpark bietet geschützte Lebensräume für Wildtiere wie Wölfe und Steinadler und einige Pflanzen Italiens sind nur noch hier zu finden. Die Landschaft ist majestätisch und unberührt. Einen besonders eindrucksvollen Anblick bietet der Pian Grande, die Hochebene unterhalb von Castellucchio, der für seine besonders feinen Linsen bekannt ist. Auch Pian Perduto und Pian Piccolo bieten dem Auge Eindrücke, die von manchen Reisenden sogar mit den Hochebenen in Nepal verglichen werden.

Doch der heutige Naturpark war früher auch ein kultureller Brennpunkt der Region: Der Ort Preci etwa stellte im Mittelalter ein bekanntes Kompetenzzentrum für chirurgische Behandlungen an Wirbelsäule und Augen dar, obwohl die Kenntnisse der menschlichen Anatomie durch das Verbot des Sezierens von Leichen eingeschränkt waren. Die Ärzte von Preci wussten sich jedoch zu helfen – schließlich gab und gibt es im nahen Norcia die besten Metzger, Spezialität Wurstwaren vom Schwein, der ganzen Region, wenn nicht von ganz Mittelitalien. Die Anatomie von Schweinen hat wiederum eine relativ große Ähnlichkeit mit der des Menschen. So konnten die Chirurgen von Preci mithilfe des Spezialwissens dieser Fachleute besser und präziser als ihre Kollegen in den großen Städten operieren. Gleichzeitig konnten sie sich an Mitbringseln wie besonders frische Schinken- und Speckwaren ihrer Assistenten aus Norcia erfreuen.

Lanciano

Das Wunder von Lanciano

Lanciano:
Das Siegel des lebendigen Gottes

Unter allen Wundern sind die eucharistischen Wunder wohl die katholischsten. Sie kommen weniger Leib und Gesundheit des Menschen zugute, wie plötzliche Heilungen oder unerklärlicher Schutz in einer Gefahrensituation, sondern verdeutlichen auf drastische Art und Weise eine zentrale und unaufgebbare Glaubenswahrheit der Kirche, die sich direkt aus dem Evangelium und dem Glauben der ersten Christen und Apostel herauführen lässt. Im Evangelium des Johannes (6,53 ff.) steht dazu:

„Da stritten sich die Juden und sagten: Wie kann er uns sein Fleisch zu essen geben? Jesus sagte zu ihnen: Amen, amen, das sage ich euch: Wenn ihr das Fleisch des Menschensohnes nicht esst und sein Blut nicht trinkt, habt ihr das Leben nicht in euch. Wer mein Fleisch isst und mein Blut trinkt, hat das ewige Leben, und ich werde ihn auferwecken am letzten Tag. Denn mein Fleisch ist wirklich eine Speise und mein Blut ist wirklich ein Trank."

Die eigentlich unsichtbare Verwandlung von Brot und Wein in das Fleisch und Blut Christi während der heiligen Messe ist das zentrale, große Mysterium des katholischen Glaubens. Atheisten und Agnostiker schütteln die Köpfe, die meisten Protestanten halten Brot und Wein für Symbole. Sogar Katholiken haben Probleme, an die tatsächliche Gegenwart Christi in den Gaben zu glauben. Dies ist kein Kennzeichen der neueren Zeit. Durch die Jahrtausende hinweg wurde immer wieder dieser Glaube angezweifelt und bestritten, er sorgte für Unverständnis und Verwirrung. Der Zweifel begann sofort nach der Ankündigung Jesu, er werde sein Fleisch zu essen und sein Blut zu trinken geben, die er kurz nach der Speisung der Fünftausend machte, und die man allgemein als Zumutung empfand. Zunächst stritt man sich, dann verließ ein großer Teil seiner Anhänger die Gemeinschaft. Die aber, die blieben, hielten treu an seinem Willen fest. Der heilige Ignatius von Antiochien, ein Schüler des Apostel Johannes, verstorben um 107, notierte in seinem Brief an die Smyrnäer über die Irrlehrer: „Von der Eucharistie und dem Gebete halten sie (die Irrlehrer) sich ferne, weil sie nicht bekennen, dass die Eucharistie das Fleisch unseres Erlösers Jesus Christus ist, das für unsere Sünden gelitten hat und das der Vater in seiner Güte auferweckt hat."

Die Schwierigkeiten waren von Anfang an da, aber ebenso der Wille, am Wort und an der Lehre des Herrn festzuhalten. Ob es in den ersten Jahrhunderten schon eucharistische Wunder gab, ist unbekannt. Das erste belegte und kirchlich anerkannte eucharistische Wunder hat sich jedenfalls im 8. Jahrhundert in Lanciano ereignet und dauert bis heute an.

Die Stadt gehört zu den Abruzzen und liegt unweit der adriatischen Küste. Im Ortsnamen steckt „la lancia" – die Lanze – und das kommt nicht von ungefähr. Eine alte Überlieferung besagt, dass aus dieser Stadt Longinus abstammte, der römische Soldat oder auch Hauptmann, der Jesu am Kreuz seine Lanze in die Seite stieß und sich danach bekehrte. Das Kreuzopfer des Herrn, die heilige Lanze, das Blut, das zusammen mit dem Wasser aus der Seite Jesu austrat – in Lanciano treffen sich die Verbindungslinien.

Weitere italienische Orte, die eucharistische Wunder aufbewahren, sind Offida, Macerata, Bolsena, Florenz und Siena.

Doch was trug sich in Lanciano genau zu?

Das Wunder geschah in der dem heiligen Longinus – San Legonziano – geweihten kleinen Kapelle, die heute noch besichtigt werden kann. Eines Tages feierte darin ein Basilianermönch die heilige Messe. Während er die Wandlungsworte sprach, überkamen ihn Glaubenszweifel – vermutlich hegte er sie schon länger. Da verwandelte sich die Hostie in seinen Händen in Fleisch, der Wein im Kelch in Blut. Dieses Wunder wird seit über 1 200 Jahren in Lanciano im Santuario aufbewahrt, das heute von den Franziskanern betreut wird. Dass sich die organischen Substanzen von Fleisch und Blut über diesen langen Zeitraum erhalten konnten und nicht zerfallen sind, dürfte als das zweite Wunder in diesem Zusammenhang gelten. Sie wurden mehrfach medizinisch untersucht, und zwar bereits seit dem Jahre 1574. Die jüngste Untersuchung fand im März 1971 statt und umfasste mikroskopische Fotografien und blutbiologische Analysen.

Demnach steht fest, dass es sich um menschliches Fleisch aus dem Herzmuskelgewebe handelt sowie um menschliches Blut, beide haben dieselbe Blutgruppe, nämlich AB. Die seltene Blutgruppe AB ist auch diejenige, die sowohl auf dem Turiner Grabtuch wie auch auf dem Schweißtuch von Orvieto gefunden wurde. Die Proteinverteilung in den Partikeln des geronnenen Blutes entspricht ungewöhnlicherweise derjenigen von frischem Blut.

Ein Besuch des Heiligtums lässt sich leicht mit einer Fahrt nach Manoppello zum Schleiertuch verbinden. Das Santuario findet sich direkt am großen Parkplatz vor dem Altstadtzentrum Lancianos. Man muss lediglich einmal um den ganzen Gebäudekomplex laufen, der neben der Kirche auch ein Gästehaus für Pilger und den Franziskanerkonvent umfasst. Lanciano, das antike Anxanum, gilt als eine der ältesten Städte in den Abruzzen. Einige Historiker sprechen von circa dreitausend Jahren Besiedelung. Eine örtliche Legende erzählt sogar davon, dass ein Kamerad von Aeneas mit Namen Solima sich zusammen mit seinem Bruder Anxa nach der Zerstörung von Troja im Jahre 1180 vor Christus nach hier geflüchtet und die Stadt gegründet haben soll. Der heute sichtbare Komplex, zu dem das Santuario gehört, wurde im 12. Jahrhundert über älteren Bauteilen, unter anderem einer römischen Zisterne, errichtet und umfasst auch die alte Longinus-Kapelle. Unser Basilianermönch, der durch seinen Unglauben das Wunder ermöglichte, ist vermutlich im Zusammenhang mit dem Bilderstreit unter Kaiser Leo III. Isauros nach Lanciano gekommen. Zwar feierten die Basilianer gemäß dem griechischen Ritus, doch Form und Größe der verwandelten Hostie ist die einer im lateinischen Ritus gebräuchlichen „ostia magna". Man kann sie noch heute gut erkennen. Diese Tatsache ist auch ein möglicher Hinweis, dass der Priester die betreffende Messe nicht für sich zelebrierte, sondern für die Einheimischen, die den lateinischen Ritus gewohnt waren.

Das eigentliche Wunder wird hinter dem Hauptaltar der Kirche aufbewahrt, die man von der Straßenseite her betritt. Ihr modernes Bronzeportal aus dem Jahre 1975 ist mit Darstellungen der heiligen Eucharistie geschmückt. Das Innenschiff ist barock ausgestaltet, die Empore mit dem Wunder teilt ein hauchfeines graues Schleiertuch vom vorderen Kirchenraum: Ein klassizistisch gearbeiteter Marmoraltar mit tempelförmigem Aufbau trägt eine Vitrine, die zwei knienden Engelsfiguren und zwei Frauengestalten – Glaube und Liebe – flankieren. In der Vitrine steht eine silberne Monstranz aus dem Jahre 1713 mit dem Hostienwunder, darunter, in einem Kristallkelch aus dem 14. Jahrhundert, die fünf bräunlichen Klumpen geronnenen Blutes.

Auf vergrößerten Fotografien sind zwölf Einstiche am Rand der wunderbaren Hostie zu sehen. Sie stammen von einer ursprünglichen Befestigung des Fleisches auf einem Holzbrettchen durch die Mönche, um dessen Form zu erhalten. Danach bewahrte man Fleisch und Blut in einem kostbaren Reliquiar aus Elfenbein auf, dessen Gehäuse man in der linken Seitenkapelle des allerheiligsten Sakramentes bewundern kann. Die heutige moderne Lösung mit der erhöhten Glasvitrine erleichtert vor allem Alten, Kranken und Behinderten den Zugang und die Betrachtung des Wunders.

Der Ort, an dem sich das Wunder ereignete, die schon erwähnte Kapelle des heiligen Longinus wurde bereits im 11. Jahrhundert umgebaut und erweitert. Sie befindet sich heute in den unteren Etagen des Santuario und man hat sie im Jahre 2000 mit modernen Anklängen – doch ohne den frühmittelalterlichen Charakter zu zerstören – renoviert.

In einem weiteren Raum zur Piazza Plebiscito hin hat man beachtliche Fresken aus dem Jahre 1515 freigelegt, die Szenen des Jüngsten Gerichtes und eine eindrückliche Kreuzigungsgruppe darstellen

Seit fast 13 Jahrhunderten strömen ungezählte Massen von Männern und Frauen nach Lanciano, um dort zu beichten, die heilige Messe zu feiern und das „miracolo" zu betrachten. Lassen wir ihn zu, den Gedanken, dass Gott nichts unmöglich ist, dass er mit dem Wunder von Lanciano besiegelt hat, der lebendige Gott zu sein. Feiern wir das Geheimnis Seiner Gegenwart unter uns bei jeder heiligen Messe. Bei einer heiligen Messe in Lanciano. Bevor wir weiterfahren, ins nahe gelegene Manoppello, um demjenigen, der Mensch geworden ist, in die Auferstehungsaugen zu sehen.

Manoppello

Blick auf Manoppello

Manoppello:
Die Schleierreliquie „Volto Santo"

Das größte aller Wunder aber birgt Manoppello bei Pescara an den Hängen des Majella-Massivs. Dort, auf dem Tarigni-Hügel außerhalb der Stadt, hüten Kapuziner in einem recht gewöhnlichen Kirchenbau den ungewöhnlichsten Gegenstand der Christenheit – einen Schleier, rätselhafter noch als das Grabtuch von Turin. Beide sind in ihrer Art einzigartig. Keine anderen Stoffe oder Bildnisse gleichen diesen Tüchern. Jedes für sich ist ein Solitärdiamant, und in jedem blitzt und funkelt die Offenbarung Gottes auf. Doch während das Grabtuch von Turin von Irdischem spricht, ja schreit, von Hass, Blut, Folter, Unrecht und Tod, summt und klingt und singt das Schleiertuch in Manoppello von der Auferstehung und vom Paradies.

Man muss hinfahren und sich diesen Schleier selbst ansehen. Auf den meisten Fotos, die im Internet kursieren, wirkt das Bild, das auf dem fast Din A 4 großen Stück Stoff zu sehen ist, wie gemalt, dazu noch schlecht gemalt. Aber gemalt kann es nicht sein. Keine Pinselstriche, keine Farbpigmente konnten darauf lokalisiert werden. Niemand auf der Welt könnte ein Spinngewebe derart präzis bemalen – alleine die Art und Beschaffenheit des Schleierstoffes gibt Rätsel auf, doch niemand konnte bisher erklären, wie das Gesicht eines Mannes darauf gebannt werden konnte. Nach allem, was wir aus den Evangelien und der Kunstgeschichte wissen, muss es Jesus Christus sein. Sein Antlitz trägt die Spuren von brutaler Misshandlung und Folter. Doch seine Züge sind weder verzerrt noch zeichnen sie Agonie. Der ganze Ausdruck, insbesondere aber der erbarmende Blick seiner Augen, kann nur mit einem einzigen Wort bezeichnet werden: erlöst. So schauen uns vom Tode Auferstandene an. So, und nicht anders.

Das Volto Santo – das heilige Antlitz – von Manoppello wurde im Vergleich zum Grabtuch von Turin bisher noch kaum erforscht. Die sicheren Ergebnisse bisheriger Untersuchungen sind aber schon erstaunenswert genug. Bestrahlungen mit UV-Licht, computergesteuerten Bildaufbauanalysen und Untersuchungen mit dem Mikroskop haben folgendes ergeben:

Der Stoff ist mit sehr großer Wahrscheinlichkeit Byssus, ein Gewebe, das man aus den Haftfäden bestimmter Muscheln (pinna nobilis) gewinnt. Derart hergestellte Gewebe sind weitaus feiner und zarter als normale Seide. Byssus war in der Antike überaus beliebt und sehr kostbar.

Unter dem Mikroskop zeigen Byssusfäden eine abgeplattete Schlauchstruktur. Schwester Blandina Paschalis Schlömer, die als deutsche Trappistin von ihrem Orden die Sondererlaubnis erhalten hat, sich als Eremitin in Manoppello aufzuhalten und dort in einer Einsiedelei lebt, hat sich die Beschäftigung mit dem Schleier zur Lebensaufgabe gemacht. Im Jahre 2007 hielt sie eine mikroskopische Untersuchung in ihrem Tagebuch fest, wonach sich eine winzige Probe, die sie vom Rand des Schleiers entnehmen konnte, als „durchsichtige, schlauchartige, abgeflachte Fäden mit glänzender Oberfläche und wulstigem Rand" in der Vergrößerung erwies. Ebenfalls untersuchte sie drei Proben von Byssusgewebe unterschiedlichster Provenienz und Alters. Alle zeigten das typische Bild von den abgeflachten Schläuchen. Zumindest also diese Tatsache scheint gesichert zu sein. Aber dann werden die Informationen verwirrend.

Einmal heißt es, Byssus sei grundsätzlich nicht bemalbar, man könne es nur durch bestimmte Behandlungen zum Beispiel goldfarben erscheinen lassen, anstatt weiß. Dann wieder heißt es, etwa in einer Untersuchung Professor Giulio Fantis, dass Byssus- oder Leinenfäden mit aquarellähnlichen Techniken bemalt werden könnten, doch seien keine der dafür typischen Verwischungen auf dem Stoff wahrnehmbar. Unter UV-Licht fluoresziert der Schleier auch nicht, was er tun würde, wenn er mit traditionellen Farben bzw. Farbbindemitteln tierischen Ursprungs bemalt wäre. Irgendwelche Pigmente sind – freilich in winzigen Mengen – darauf, die man jedoch nicht für die Bildgeschichte verantwortlich machen kann.

Es scheint also lediglich festzustehen, dass man sich weder erklären kann, wie das Bild auf den Schleier kam, noch, wo es eigentlich seinen Sitz hat. Denn je nach Lichteinfall verschwindet es völlig oder es tritt wieder auf: Sein ganzes Verhalten hat mehr Gemeinsamkeit mit Regenbögen oder Schmetterlingsflügeln, als mit einem gemalten Bild.

Schwester Blandina war es auch, die zunächst mithilfe von transparenten Folien, die sie übereinander legte, den Nachweis erbrachte, dass die Gesichtszüge auf dem Schleier identisch mit jenen des Mannes auf dem Turiner Grabtuch sind. Dazu gab es jetzt auch computertechnische Nachweise durch die Herstellung von Bezugspunkten auf beiden Abbildungen.

Für großes Erstaunen sorgt diese Tatsache allein noch nicht. Denn natürlich ähneln sich alle kunsthistorisch tradierten Porträts von Jesus Christus in genau diesen Punkten: bärtiger Mann mit hageren Gesichtszügen und großen orientalischen Augen, langen Haaren und Mittelscheitel. Es wäre also eher verwunderlich, wenn sich die beiden heiligen Bilder unterschieden. Das tun sie aber nicht, und zwar, das ist das Verblüffende daran, auch nicht in den Details. Winzige Verletzungen und Spuren sind dabei ebenfalls deckungsgleich, darunter solche, die erst mithilfe von modernen Aufnahmetechniken auf dem Grabtuch sichtbar gemacht werden konnten. Von deren Existenz also niemand vorher wissen konnte. Dies ist zumindest ein Hinweis darauf, dass die beiden Tücher, so verschieden sie ihrer Beschaffenheit nach sind, eine gemeinsame Entstehungsgeschichte verbindet.

Doch wie ist der Schleier überhaupt nach Manoppello gekommen, in diesen winzigen, unbedeutenden Ort unterhalb des Gran Sasso, in Sichtweite der Adria? An Manoppello fällt nun wirklich nichts Besonderes auf, abgesehen von seinem Ortsnamen, der sich auf das Lateinische manipulus zurückführen lässt.

Manipulus bedeutet „eine Handvoll" und erinnert bei der Betrachtung des Stadtwappens mit den Ähren darin an Bethlehem – das Haus des Brotes. Eben so gut könnte manipulus auch den Manipel meinen, eine Untereinheit in der Legion der römischen Armee. Fast surreal wird einem zumute, wenn man daran denkt, dass der Manipel der katholischen Liturgie ursprünglich aus einem Schweißtuch entstand. Das legendäre Schweißtuch der Veronika an einem Ort, der in seinem Namen Hinweise auf Brot und auf Schweißtücher gibt?

Überlegungen zu seiner Herkunft und seinem Werdegang hat insbesondere der Rom-Korrespondent für „Die Welt" und Buchautor Paul Badde angestellt und dem Volto Santo damit zu einer gewissen Berühmtheit verholfen. Die Pilgerscharen nach Manoppello wachsen seither jährlich stetig an.

Nur wenige Monate nach dem Erscheinen von Baddes Buch, am 1. September 2006 besuchte sogar der Papst das Heiligtum in den Abruzzen und erhob kurz darauf die Kapuzinerkirche zur päpstlichen Basilika. Die Einwohner Manoppellos bekundeten ihre Liebe und Ergebenheit gegenüber dem Heiligen Vater ihrerseits fünf Jahre danach, indem sie den Parkplatz vor der Kirche, auf dem damals der päpstliche Hubschrauber landete, in Piazza Benedetto XVI. umbenannten und kurz danach dem Pontifex in Rom feierlich die Schlüssel ihrer Stadt überreichten. Auch der Papst hatte Baddes Veröffentlichungen dazu gelesen. Dabei macht der Vatikan nicht gerade eine bella figura in diesem Kirchenkrimi.

Wenn stimmt, was Badde schreibt, dann wird seit dem 16. Jahrhundert im Petersdom am Passionssonntag in der Fastenzeit nicht mehr das sogenannte Schleiertuch der Veronika gezeigt, sondern eine Fälschung, die nicht die geringste Ähnlichkeit hat mit der „vera ikona", der echten Reliquie mit dem Antlitz Christi.

Das Schleiertuch der Veronika ist in der christlichen Überlieferung gut bekannt. Eine barmherzige Frau, der die Tradition den Namen Veronika gegeben hat, soll Jesus Christus auf der Via Dolorosa ihren Schleier als Schweißtuch gereicht haben, damit er sich damit trocknen könne. Und Gottes Sohn soll darauf auf wunderbare Weise einen Abdruck seines Gesichtes hinterlassen haben. In den Evangelien wird aber nirgendwo ein solches Ereignis erwähnt. Wir werden noch sehen, warum diese Legende erfunden worden ist und welcher Gedanke dahinter stand.

Zunächst aber ist klar: Der Schleier von Manoppello ist der einzige Gegenstand auf der ganzen Welt, der mit diesem „Schweißtuch der Veronika" aus der Überlieferung identifiziert werden könnte. Nicht das römische Schweißtuch, ein Stück groben Leinens mit Flecken darauf und im fortschreitenden Zustand des Zerfalls, und auch nicht das Schweißtuch von Oviedo, ebenfalls letztlich nur ein blutbeflecktes Stück alten Stoffs. Auf ihnen ist nichts zu erkennen, nicht einmal Umrisse eines Gesichtes. Während auf dem Schleier in Manoppello je nach Lichteinfall und Position des Betrachters fast schon wie bei einem göttlichen Hologramm das Gesicht eines echten Menschen dreidimensional aus dem Gewebe herauszutreten scheint. Die Existenz eines solch wunderbaren Schleiers ist in der Geschichte der Christenheit bereits ab dem 6. Jahrhundert dokumentiert. Danach finden sich verschiedene Quellen, die von Tüchern berichten, die nicht von Menschenhand gemacht seien – auf Griechisch: acheiropoieta. Bei den meisten Angaben ist nicht eindeutig, ob es sich um das heutige

Grabtuch von Turin oder um den mysteriösen Schleier der Veronika handelt.

Beide Tücher müssen jedoch demnach, wenn wir ihre Entstehung im Jerusalem von vor 2 000 Jahren annehmen, ihren Weg über Kleinasien nach Konstantinopel und von dort nach Europa und Rom gefunden haben. Was das Schleiertuch betrifft, so muss es irgendwann aus Rom wieder verschwunden sein – Zeugnis davon gibt ein leerer Reliquienbehälter mit gesprungenem Glas, der in der Schatzkammer des Petersdoms aufbewahrt wird.

Paul Badde hält es für höchst wahrscheinlich, dass die Veronika während des „Sacco di Roma" im Jahre 1527 aus dem Vatikan entwendet worden ist, als deutsche und spanische Landsknechte Rom verwüsteten und plünderten. Die Vorstellung ist plausibel. Ebenfalls folgerichtig scheint die Überlegung, dass man in Manoppello vorsorglich die Ankunft des Schleiertuches nicht mit der verheerenden Plünderung Roms in Verbindung bringen wollte. Nach einer örtlichen Tradition sei das Tuch bereits „an einem Sonntagnachmittag im Jahr 1506" mit einem unbekannten Pilger in die Stadt gekommen.

Damit konnte der Vatikan das Gesicht wahren und weiterhin ein Stück Stoff von der Brüstung des Veronikapfeilers im Petersdom zur Schau stellen. Für die unten versammelten Pilger waren so oder so keinerlei Einzelheiten zu erkennen.

Die Ortschronik von Manoppello vermerkt die Episode aus dem Jahre 1506 auch erst gute hundert Jahre später. Wie um sicher zu gehen, dass es keine lebenden Zeugen für die Ereignisse beim Sacco di Roma mehr gab.

Ist dieser große zeitliche Abstand dadurch zu erklären, dass man die Anwesenheit des Schleiertuchs in Manoppello zunächst geheim halten wollte, um keine Hinweise auf seine tatsächliche Herkunft aus Rom zu geben? Wir können es heute nicht mehr wissen. Dagegen stellen sich weitaus drängendere Fragen im Zusammenhang mit diesem Artefakt: Selbst wenn wir überzeugt davon sind, dass das Grabtuch von Turin und der Schleier von Manoppello in ihrer Entstehungsgeschichte zusammenhängen – wie genau ist das passiert? Wieso ist der Abdruck des Gekreuzigten auf dem Grabtuch nur auf einer Seite des Leinens zu sehen, der Seite, die direkt auf dem Körper auflag? Während das Abbild auf dem Muschelseidentuch wirkt, als sei es „hindurchgegangen" im Augenblick seiner Entstehung?

Tatsächlich befinden sich zwei Gesichter auf dem Schleier, die ganz identisch sind und sich dennoch in winzigen Details unterscheiden. Das aber tut das Bild auch von jeder Seite in sich. Es ist immer wieder, in jedem Licht, aus jedem Winkel, für jeden Menschen, wie ein lebendiges Bild. Welchem Maler hätte dieses Kunststück gelingen sollen? Ein einziges Gesicht auf die farbabweisenden Muschelseidenfasern aufzubringen, mit einem Pinsel, feiner als ein menschliches Haar, grenzte schon an Magie. Das Attribut für solche geheimnisvollen Bilder, „acheiropoieton" – nicht von Menschenhand gemacht –, umschreibt diese Tatsache. Aber wie könnte der Schleier dann entstanden sein? Durch göttlichen Eingriff? Bei welcher Gelegenheit?

In seinem Buch „Das Grabtuch von Turin oder Die Geschichte der Heiligen Bilder" macht Paul Badde sich noch einmal auf an jene beiden Stätten, an denen er wohl mehr Zeit verbracht hat als irgendein anderer lebender Mensch: Die Grabeskirche in Jerusalem und die Basilika des Volto Santo in den italienischen Abruzzen. Die Geschichte, die er zu erzählen hat, basiert auf den Evangelien, und besonders auf dem Evangelium des Augenzeugen Johannes, wo beide Tücher am Morgen nach der Auferstehung erstmals und prominent nebeneinander erwähnt werden. Das große Leinentuch zerknüllt, und ein Schweißtuch, zusammengebunden oder gefaltet, abseits, doch in der Nähe des großen.

Wie Badde diese einmalige Situation vor rund 2 000 Jahren an einem Ort, den er kennt wie andere Leute ihre Westentasche, nacherzählt, ist ein spannendes Lesevergnügen. Denn tatsächlich – wie kann man in das leere Grab Jesu hineingehen, sehen und sofort an seine Auferstehung glauben?

Das Naheliegende wäre sicher gewesen, ein riesiges Fass aufzumachen und den Diebstahl einer Leiche plus Grabschändung anzuzeigen. Maria Magdalena hatte in ihrer Aufregung auch gedacht, man hätte ihren Herrn weggenommen und woanders hingelegt. Alle wussten doch, dass Jesus tot wie ein Stein war.

Wenn das eigene Auto – kein guter Vergleich natürlich – nicht mehr am gleichen Platz steht, an dem man es abgestellt hatte, denkt man doch auch nicht zuerst daran, dass es weggeflogen sein könnte. Man fängt auch nicht an, an fliegende Autos zu glauben, nur, weil eine Vogelfeder neben dem leeren Parkplatz liegt.

Und wenn man eine Fotografie fände, die das Auto ohne jeden Zweifel im freien Flug zeigte? Nun, wir modernen Menschen wissen, dass man mit Photoshop – und wie die Bildbearbeitungsprogramme alle heißen – so einiges vorgaukeln und sogar völlig verfälschen kann.

Petrus und Johannes aber lebten vor 2 000 Jahren in einer Kultur, in der Bilderverbot herrschte. Wenn das, was sie im leeren Grab am Ostermorgen gegen das Licht der aufsteigenden Sonne hielten, wirklich der Schleier ist, den wir heute in Manoppello betrachten können, dann blieb ihnen nichts anderes übrig als zu SEHEN – und an die Auferstehung zu glauben.

Manoppello

In einem der letzten Kapitel seines Buches verweist Badde auf einen interessanten Zusammenhang: Durch das Aufkommen der analogen Fotografie wurde es möglich, einen völlig neuen, bisher in dieser Form nicht möglichen Zugang zum Turiner Grabtuch zu erlangen, der seine Fortführung durch modernste computergestützte Bildwiedergabe gefunden hat. Den Anstoß zu vielen neuen Erkenntnissen gab jener Moment, an dem Secondo Pia, ein Turiner Fotograf, an einem Maiabend 1898 mit großen Augen den Negativabzug aus dem Entwicklerbad hob, der sich als eine Art Positiv erwies. Vorher unsichtbare Einzelheiten waren mit einem Schlag erkennbar und traten jetzt in drastischer Plastizität aus dem Tuch hervor.

Es ist überlegenswert, in welchem größeren zeitgeschichtlichen Zusammenhang dies geschah und wie dieser Prozess fortschreitet. Häufig wird behauptet, es handle sich bei dem Turiner Grabtuch oder auch bei beiden Stoffreliquien um Fälschungen aus dem Mittelalter. Insbesondere, weil sich als Ergebnis der in den Achtzigerjahren durchgeführten Radiokarbonanalyse angeblich das Alter des Grabtuchs auf Mitte des 13. Jahrhunderts feststellen ließ. Diesem Ergebnis konnte man in den letzten zwanzig Jahren plausibel entgegentreten. Wenn es sich um eine Fälschung aus dem Mittelalter handelte, wie sollten dann die Pollen und der Straßenstaub aus dem Gebiet um Jerusalem und der Zeit um das 1. Jahrhundert auf das Tuch kommen? Und mehr noch – wie hätte ein Fälscher all die vielen, bis in die jüngste Zeit unsichtbaren Details aufbringen können und wozu auch, wenn man sie 700 Jahre lang überhaupt nicht registrieren konnte? Die Münzen aus der Zeit des Pilatus, die aramäischen Schriftzeichen, die erst kürzlich entdeckt worden sind?

Hinzu kommt: Die Menschen glaubten ganz selbstverständlich an das tatsächliche Ereignissen der Passion, des Todes und der Auferstehung Jesu Christi – sie benötigten darüber hinaus keine Bestätigung dieses Glaubens durch rätselhafte Bildreliquien. Es gab noch keine kritisch-exegetische Bibelforschung. Kaum jemand hatte ernsthafte Zweifel an der Gottessohnschaft Jesu oder an der Historizität der in den Evangelien geschilderten Abläufe.

Diese beiden Bilder – das Turiner Grabtuch und das Schleiertuch in Manoppello – sind eine Flaschenpost im Ozean der Menschheitsgeschichte, geschickt von der Insel Jerusalem aus, an einem Sonnenaufgang vor fast 2 000 Jahren. Das eine gemalt mit dem heiligen Blut, das andere gemacht wie eine Spiegelscherbe, die den Abglanz des Lichtes der Welt einfängt, das Jesus Christus war, ist und immer sein wird. Zusammengenommen bilden sie das Wunder seines Lebens, seines Todes und seiner Auferstehung ab. Gemeinsam bezeugen sie den ersten Teil der Offenbarung Gottes und weisen über Vergangenheit und Gegenwart hinaus in die Zukunft. Sie sind, wie Badde schreibt, „die verlässlichen Vorboten" der Wiederkunft des Herrn am Ende der Zeit. In seiner ganzen Herrlichkeit.

Personennamen

Heilige Männer

Antonius von Padua	15f, 187
Augustinus	49, 182, 188
Benedetto Passionei	59
Benedikt von Nursia	192
Christopherus	182
Clemens	45, 100, 102
Crescentino	58f
Cyriakus	96ff
Emygdius	177ff
Esuperanzio	123ff, 128ff
Florian	115
Francesco de Paola	17
Francis	37f, 41
Joseph von Copertino	63, 134, 147f
Leo	109
Liberius	98
Longinus	198, 200ff
Marcellinus	98, 178
Nikolaus von Tolentino	163f, 167ff
Padre Pio	11f, 187
Pasquale Baylon	81ff, 86
Petrus Damiani	67ff
Romualdo	115ff
Sebastian	59, 116, 129, 182
Simone Fidati	189
Silvester Gozzolini	157
Settimio	115f
Vinzenz de Paul	208

Heilige und selige Frauen

Chiara da Rimini	15
Maria Crocifissa Satellico	79f
Maria Goretti	73f, 77f
Mattia Nazarei	170ff
Michelina Metelli	38ff
Rita von Cascia	10, 12, 83, 187
Scholastika	192, 194f
Serafina	31f, 35ff, 41
Sperandia	124ff

Päpste

Alexander VI.	48, 55
Bonifaz IX.	189
Clemens XII.	100, 102
Coelestin V.	178
Leo XII.	107, 109f
Marcellinus	98, 178
Martin V.	36

Personennamen

Pius II.	100f
Pius VII.	98, 110, 127
Pius IX.	89ff

Andere Persönlichkeiten

Alessandro Serenelli	74f, 78
Alessandro Sforza	36
Antonio Solario	128
Beniamino Gigli	143
Blandina Paschalis Schlömer	206f
Cagliostro	30ff
Carlo Crivelli	56, 99, 168, 179
Caterina Colonna	36
Dante Alighieri	26f, 65, 69, 173
Donatello Stefanucci	123
Elisabetta Gonzaga	55
Ercole Fava	97
Federico Barocci	40, 57, 59
Filippo Mastro	154
Francesco Guarnieri	156
Federico Fellini	22
Friedrich II.	113f
Friedrich Johann Lorenz Meyer	95
Gaetano Lapis	116
Galeazzo Malatesta	49
Giacomo Leopardi	143f, 152f
Gioachino Antonio Rossini	35
Giovanni Anastasi	91
Giovanni Battista Pergolesi	116
Giovanni della Rovere	89
Giovanni Battista Salvi	91
Giovanni Sforza	48
Giulio Fanti	206
Giuseppe Balsamo	30ff
Giuseppe Santarelli	139
Giuseppe Valadier	59, 109
Guidobaldo della Rovere	90
Guiseppe Ercolani	90
Johann Gottfried Seume	10, 133
Lorenzo Lotto	99, 120, 127, 141, 144
Luca Signorelli	57, 136
Lucrezia Borgia	48, 55
Luigi Vanvitelli	98
Melozzo da Forli	136
Michel de Montaigne	53
Oddantonio di Montefeltro	36
Piero della Francesca	20, 54, 56
René Descartes	10, 134
Sigismondo Pandolfo Malatesta	20, 48
Ugolino di Vanne	182

Ortsnamen

Ancona	35, 61, 89, 91, 95ff	Loreto	10, 54, 132ff
Ascoli Piceno	177ff		
Assisi	9, 18, 124, 168, 177	**M**anoppello	9, 201, 203ff
		Matelica	170ff
Cagli	12, 60, 116	Monte Conero	10, 95f, 103f, 123, 130, 153
Cantiano	12		
Cascia	9f, 12, 83, 187ff	Monte Giove	44, 49f
Castellucchio	197	Monte Vettore	196
Cingoli	123ff	Montecassino	194
Corinaldo	65, 73ff		
		Norcia	187, 191f, 194ff
Eremo di Monte Giove	50		
		Offida	176ff
Fabriano	13, 117, 123, 175	Osimo	146ff, 164
Fano	35, 49f, 61	Ostra Vetere	73ff
Foligno	18, 41		
Fonte Avellana	61, 65ff	**P**esaro	34ff, 118, 123, 164f
Fossombrone	60f	Pian Grande	197
		Pian Perduto	197
Genga	13, 107ff	Pian Piccolo	197
Gradara	45ff, 49	Pilatus-See	196
Grotta delle Fate	196	Piobbico	13
Grotte di Frasassi	107	Preci	197
Jesi, Iesi	113ff, 171	**R**ecanati	104, 143f, 166
		Rimini	14ff, 35, 46ff, 119
Lanciano	9f, 183, 198ff	**S**an Bartolo	35, 37, 42

Ortsnamen

San Leo 24ff
San Severino Marche 13, 127
Senigallia 35, 80, 88ff, 95
Sibilliner Berge 10
Siena 9, 53, 189, 200
Spoleto 125, 189
Subiaco 192

Tolentino 162ff

Urbino 36, 52ff, 89, 137